ISBN
3980549119

Das Holzmadenbuch

Bernhard Hauff
Rolf Bernhard Hauff

Das Holzmaden-buch

Inhalt

	Seite
Vorwort	3
Dr. h. c. Bernhard Hauff	4–5
Die Schieferbrüche	6–9
Die Posidonienschiefer	10–11
Bergung und Präparation der Versteinerungen	12–15
Das Museum Hauff	16
Die Fossilien der Posidonienschiefer	17–127
Saurier	18–57
Ichthyosaurier	18–39
Plesiosaurier	40–44
Sphenodontier	45
Dinosaurier	46
Krokodilier	47–54
Flugsaurier	55–57
Fische	58–85
Selachier	58 und 60
Holocephalen	58 und 61
Coelacanthiden	59 und 61
Sturiomorphen	59 und 62–65
Holostier	66–67 und 68–84
Teleostier	67 und 85
Arthropoden	86–89
Echinodermen	90–98
Mollusken	99–121
Cephalopoden	99–118
Dibranchiaten	99–107
Tetrabranchiaten	108–118
Lamellibranchiata	119 und 120–121
Brachiopoden	119 und 121
Mikrofossilien	122–123
Bohrgänge von Sedimentfressern	124–125
Pflanzen	126–127
Über die Entstehung der Posidonienschiefer und der Fossilstätten	128–133
Fachausdrücke und Namen	134–136

Vorwort

Fossilien als Zeugen der Entwicklung des Lebens im Laufe der Erdgeschichte sind in der Regel nur lückenhaft überliefert.

Unter den wenigen Ausnahmen sind für die Zeit des oberen Schwarzen Juras (Untertoarcium) die Fossillagerstätten von Holzmaden, Ohmden, Zell und Bad Boll in Württemberg auf der Welt einzigartig.

Drei Faktoren wirken hier zusammen: Der wohlerhaltene Fossilinhalt als solcher, sein Aufschluß durch die gewerbliche Verwendung des Schiefers und nicht zuletzt eine seit nunmehr drei Generationen geleistete gezielte praktisch-wissenschaftliche Arbeit in Form von ganz besonders sorgfältiger Bergung und Präparation der Versteinerungen. In Verbindung damit haben wir uns seit mehreren Jahrzehnten die Aufgabe gestellt, hier an Ort und Stelle inmitten der Fossillagerstätten durch ein Museum der breiten Öffentlichkeit diese Funde zugänglich zu machen.

Für den interessierten Besucher des Museums Hauff in Holzmaden soll dieses Buch mit seinen Bildern der schönsten und interessantesten Versteinerungen aus den hiesigen Fundstätten eine ausführliche Erläuterung und wertvolle Ergänzung bilden. Als Glanzstücke liegen diese Fossilien in vielen Museen der ganzen Welt, in öffentlichen Gebäuden und in Privathäusern, ihren glücklichen Besitzern ein prächtiger und anregender Schmuck.

Das Holzmadenbuch möge dazu beitragen, die Wichtigkeit dieser Fossillagerstätte als kleines, aber besonders aufschlußreiches Fenster hinein in die Erdgeschichte hervorzuheben. Daraus ergibt sich die Notwendigkeit der Erhaltung durch schützende Maßnahmen für dieses außergewöhnliche Vorkommen.

Das Buch soll auch der hierzulande ohnedies bestehenden Freude an den Versteinerungen in didaktischer wie auch ästhetischer Hinsicht entgegenkommen und mithelfen, diese Freude besonders auch bei der Jugend zu wecken und allenthalben zu erhalten. Desweiteren soll es um Verständnis dafür werben, daß die Entdeckung und Bergung dieser einzigartigen Funde nur durch vorsichtigen Abbau ermöglicht wird. Ihre zentrale Erfassung ist Voraussetzung für eine vorrangig wissenschaftliche Auswertung.

Wie das Museum Hauff nicht nur von Fachgelehrten, sondern darüber hinaus von weiten Kreisen der Öffentlichkeit, insbesondere auch von Schulen viel besucht wird, so soll auch das Holzmadenbuch sie alle ansprechen. Sein Inhalt ist der Wissenschaft zumeist altbekannt, doch wird eine kurze Monographie des hiesigen Lias ε mit seinen Fossilien und im Zusammenhang damit die Vorstellung einiger neuer Funde gerne gesehen sein. Es möge aber auch mancher sich hartnäckig haltende Irrtum in der wissenschaftlichen Literatur endgültig fortgeräumt werden.

Professor Dr. GEORG WAGNER hat die Anregung für das Holzmadenbuch gegeben. Dafür sind wir ihm heute noch herzlich dankbar, wie auch für seine tatkräftige Hilfe. Professor Dr. ALDINGER, Professor Dr. BERCKHEMER, Dr. h. c. FEIFEL, Professor Dr. HÖLDER, Professor Dr. von HUENE, Dipl. Geol. RIEGRAF und Dipl. Geol. ROSCHER haben mit wertvollen Beiträgen am Text des Buches Anteil. Die Bilder wurden zum größten Teil von den Verfassern selbst aufgenommen. Für die Buchgestaltung ist WERNER FLUMM verantwortlich. Die Herstellerfirma hat für gute Wiedergabe gesorgt. Allen gilt unser Dank.

Durch den Vater und Großvater Dr. h. c. BERNHARD HAUFF sind diese Fossilfunde bekannt und weltberühmt geworden. Er hat sie mit seinen Präparatoren freigelegt. Dies ist sein und ihr Werk, das wir getreulich fortsetzen. Deshalb soll einleitend gesagt werden, wer er war und wie er gearbeitet hat, sein Leben lang. In Liebe und Dankbarkeit ist ihm dieses Buch gewidmet.

Dies ist die dritte Auflage des im Herbst 1952 erstmals veröffentlichten Holzmadenbuches, das besonders auch durch seine schönen Bilder viele Freunde gefunden hat.

Holzmaden im Herbst 1981.

Bernhard Hauff
Rolf Bernhard Hauff

Dr. h. c. Bernhard Hauff

Bernhard Hauffs Eltern sind vor etwa 100 Jahren in die Holzmadener Gegend gezogen. Die Vorfahren des Vaters sind ein uraltes schwäbisches Geschlecht mit seinem Stamm in Beuren am Hohenneuffen, in den vergangenen Jahrhunderten vielfach Beamte und Theologen. Die Mutter entstammt einer hannoveranischen Künstlerfamilie. Bernhard Hauffs Vater war Theologe, später Chemiker. Sein Plan, das Öl der bei Holzmaden anstehenden Schiefer zu gewinnen, hat ihn in den sechziger Jahren des vorigen Jahrhunderts hierher geführt. Vorher hatte er auf der Julienhütte bei Hechingen und dann in Eislingen auch schon auf diesem Gebiet gearbeitet. Zunächst wohnte die junge Familie in dem benachbarten Weilheim/Teck. Dann wurde eine frühere Schutzhütte bei Holzmaden umgebaut, dort wo heute das Museum Hauff steht. Bernhard Hauff ist am 4. Juli 1866 hier geboren. Seiner Mutter fromme, gottvertrauende, heitere und kluge Lebensart war die Grundlage seiner Erziehung in einer für die Familie kargen, oft schweren Zeit. Bernhard Hauff war der drittälteste unter sechs Geschwistern, vier Buben und zwei Mädchen. Mit seinem um ein Jahr jüngeren Bruder teilte er Freud und Leid bis zum sechzehnten Jahr. Sie gingen miteinander in die Volksschule in Holzmaden, wurden dann zwei Jahre lang von einem Onkel, dem gestrengen Pfarrer Hauff in Allmersbach, unterrichtet und kamen darauf in die Lateinschule in Kirchheim/Teck und dann in das Realgymnasium in Nürtingen. 1882 trennten sich die Wege der Brüder und Bernhard Hauff begann daheim im väterlichen Betrieb zu schaffen. Hier hatte sich seit der Gründung eine vielfache Wandlung vollzogen. Kaum daß der Schieferbruch aufgemacht und die bescheidene Anlage gebaut war, um das Öl der Schiefer durch Schwelen zu gewinnen, wurde dieses Unternehmen durch die Konkurrenz des in immer größeren Mengen eingeführten Petroleums zunichte gemacht. Aus der Schwelanlage wurde eine Kalkbrennerei, in der bestimmte Kalkzwischenlagen innerhalb der Schiefer und die Kalkknollen der Jurensismergel zu einem hochprozentigen ausgezeichneten Schwarzkalk gebrannt und aus den Schieferrückständen Formsteine hergestellt wurden. Der Erlös aus dem Schieferbruch allein reichte für den Unterhalt der Familie nicht aus. Die Kalkbrennerei warf ebenfalls nur einen sehr bescheidenen Gewinn ab, und so fing Bernhard Hauffs Vater an, die Schieferplatten, den sogenannten Fleins, als Tischplatten, Ofenunterlagsteine und Wandverkleidungen zu verarbeiten. Da es aber in diesem neuen Schiefergewerbe noch keine geschulten Arbeitskräfte gab und die richtigen Maschinen noch fehlten, blieb auch dieser Betrieb in bescheidenen Grenzen. Schwere körperliche Arbeit, besonders im Steinbruch, war Bernhard Hauffs mühselige Aufgabe, aber wachsam und aufopfernd arbeitete er sich ein.

Die Liebe zur Natur und im besonderen die Freude an den Versteinerungen stammen von seiner Mutter. Häufige Besuche des Tübinger Professors Quenstedt und des Konservators der Württembergischen Naturaliensammlung Professor Oskar Fraas regten das Interesse an. Von den Versteinerungen wußte man ja schon lange, wohl seit es in dieser Gegend Schieferbrüche gab und das war viele hundert Jahre her; denn schon auf der Burg Hohenstaufen wurden Schieferplatten als Bodenbelag verwendet. In ihrer ganzen Bedeutung sollten die Versteinerungen aber jetzt erst ans Licht gebracht und erkannt werden. Oskar Frass schlug den Eltern Hauff vor, einen ihrer Söhne mit der Bergung und Bearbeitung der Versteinerungen an Ort und Stelle zu betrauen. So kam Bernhard Hauff mit 17 Jahren nach Stuttgart an die Naturaliensammlung, um das Präparieren zu erlernen. Infolge finanzieller Schwierigkeiten mußte er schon nach einem halben Jahr in den väterlichen Betrieb zurück und hatte nur wenig lernen dürfen. Eine Menge Arbeit wartete auf ihn im Steinbruch und in der Werkstätte. Nur in der spärlichen freien Zeit am frühen Morgen und bis in den späten Abend hinein arbeitete er an den Skeletten aus dem Schiefer. Während der einjährigen Militärzeit in Stuttgart 1885–1886 war noch einmal Gelegenheit, in den dienstfreien Stunden an der Naturaliensammlung zu präparieren. Nach und nach kamen in den folgenden Jahren bei Holzmaden und Ohmden immer mehr Schieferbrüche in Betrieb. Durch anregenden Finderlohn, gelernte Achtsamkeit und einen geübten Blick der Steinbrecher wurden auch immer mehr Versteinerungen gefunden und Bernhard Hauff widmete sich mehr und mehr ihrer Bergung und Bearbeitung. In rastlosem Fleiß, mit Gründlichkeit, Sorgfalt und Geschick verfeinerte er die Präparation. Anfangs der neunziger Jahre kamen so bei der Bearbeitung eines Ichthyosaurus äußerst feine, kohligschwarze Reste heraus. Bernhard Hauffs Ansicht, daß es sich hier um fossile Haut und Muskulatur handeln müsse, wurde von Professor Oskar Fraas für unmöglich erklärt. Unbekümmert darum entdeckte er im folgenden Jahr den Umriß der Vorderflosse eines Ichthyosaurus. „Mit neuem Eifer suchte ich weiter", so hat er oft erzählt, „und im Oktober 1892 konnte ich an einem etwa 1,2 m langen, kleinen Ichthyosaurus, den ich in unserem Steinbruch unweit des Hauses gefunden hatte, die ganze Haut um das Skelett freilegen, sie war sehr schön erhalten." Dies war das erste Mal, daß an Versteinerungen Reste von Weichteilen freigelegt wurden. Besonders durch diese Funde und ihre sorgsame Präparierung sind die Versteinerungen aus den Posidonienschiefern von Holzmaden weit über die Gelehrtenwelt und auch weit über die Grenzen des Landes hinaus berühmt geworden.

Im Jahr 1896 hat Bernhard Hauff seinen eigenen Hausstand gegründet und in Klara Elwert, einer Pfarrerstochter aus dem benachbarten Neidlingen, eine treue Gattin gefunden. Es wurden ihnen sechs Kinder geboren, vier Mädchen und zwei Knaben, von denen einer leider bald nach der Geburt starb. Ein Erbe von einem Bruder der Mutter Bernhard Hauffs begründete den Wohlstand der Familie, und kurz vor dem ersten Weltkrieg entstand ein schönes Wohnhaus, wo vorher die kleine Schutzhütte und dann das alte Haus erbaut waren.

Im Laufe der Jahre hatte BERNHARD HAUFF eine Menge Beobachtungen über die Posidonienschiefer von Holzmaden und auch der weiteren Umgebung und über ihre Versteinerungen gesammelt. Mit Professor KOKEN in Tübingen und besonders mit dessen Nachfolger Professor POMPECKJ sprach er öfters darüber. Seine Absicht, sie zu veröffentlichen, fand lebhafte Zustimmung. Die Arbeit wies grundlegend neue und praktische Wege der Feinstratigraphie. Die Mathematisch-Naturwissenschaftliche Fakultät der Universität Tübingen hat sie 1921 mit der Verleihung des Ehrendoktors der Naturwissenschaften ausgezeichnet: „Dem Sammler und Präparator von Weltruf, der das Leben der Vorzeit in einzigartiger Weise wiedererweckt, die Aufmerksamkeit der Welt erneut auf die im Schoße unseres heimatlichen Bodens ruhenden Zeugen ferner Vergangenheit gelenkt und zur verfeinerten Gliederung des schwäbischen Jura einen ersten bedeutsamen Schritt getan hat, in Anerkennung vielseitiger Anregung und selbständiger Förderung der paläontologischen Wissenschaft."

Nach einem reich gesegneten Leben durfte BERNHARD HAUFF am 10. Juli 1950 kurz nach seinem 84. Geburtstag im Frieden in die ewige Heimat eingehen. Wie seine Mutter hat er in frommem Gottvertrauen gelebt. Bescheidenheit und Güte haben sein Wesen gekennzeichnet, rastloser Fleiß und zähe, geschickte Tatkraft seine Arbeit; daraus ist sein Werk geworden.

Abb. 1: Holzmaden auf der durch die Posidonienschiefer gebildeten Vorebene am Fuß der Schwäbischen Alb. Der Wasserturm, 379 m über dem Meeresspiegel, steht auf der Grenze Lias ε/ζ. Im Hintergrund von links Bosler, Erkenberg und Limburg.

Abb. 2: Schieferbruch in den Posidonienschiefern.

Die Schieferbrüche

Seit vielen hundert Jahren sind bei Holzmaden, Ohmden, Zell und Boll Schieferbrüche im Betrieb zur Gewinnung des sogenannten Fleinses, einer bestimmten Schieferschicht, welche früher für Dachschiefer und Bodenbelagplatten, heute wegen ihrer wenig guten Verwitterungsbeständigkeit ausschließlich für innenarchitektonische Zwecke verwendet wird.

Die Schieferbrüche waren früher im allgemeinen etwa 5 × 8 m große Gruben, deren Abbau nach Art des wandernden Schieferbruchs erfolgte, indem immer die vorhergehende Grube mit dem Abraum der neuen wiedereingedeckt wurde. So war durch den Schieferbruch jeweils nur eine ganz geringe Bodenfläche landwirtschaftlich nicht nutzbar. Heute wird entsprechend der technischen Entwicklung in wesentlich größeren Brüchen stufenweise abgebaut. Das System des wandernden Bruches ist beibehalten. Bis auf den Fleins werden die Gruben gegraben. Bei einer Überdeckung von weniger als 2 m ist der Fleins durch beginnende Verwitterung nicht mehr fest genug und deshalb unbrauchbar. Fast aller Platz in unserer Gegend, wo der Fleins verwendbar bis zu 4 m tief unter der Oberfläche liegt, ist bereits ausgegraben. So sind die Schieferbrüche heute alle mindestens 4 m, ja bis zu 12 m tief. Die Gewinnung des Fleinses erfordert dadurch erheblich mehr Aufwand. Das Gestein wird zudem mit zunehmender Tiefe fester.

Der Fleins ist eine bei Holzmaden regelmäßig 18 cm mächtige Bank, welche sich durch gleichmäßige Schichtung und durch gute Festigkeit ihres feinkörnigen Materials auszeichnet. Er spaltet im allgemeinen zweimal und bildet so den „oberen", den „einzechten" und den „unteren" Fleins, der sich seinerseits wiederum in zwei gleichstarke Schichten spalten läßt. In den Schieferwerken in Holzmaden und Ohmden wurde der Fleins früher rechteckig behauen, „gefügt" und mit Sandsteinen geschliffen. Später dienten Karborundscheiben und -körper zum Sägen und Schleifen. Man fertigte Ofenunterlagssteine, Fensterbänke, Wandverkleidungen, Spülbänke, Schalttafeln, Laboratoriumstische u.a. Seit geraumer Zeit dienen Diamantscheiben zum Schneiden der Kanten. Die sehr schöne, bruch- oder spaltrauhe Fläche wird belassen; sie begründet die heute bevorzugte Verwendung des Fleinses für Natursteinwände, -treppen und -böden, für Kaminplatten und ganz besonders auch für Tische.

Außer dem Fleins war vom ganzen Abraum früher nur eine Kalkbank, der sogenannte „Untere Stein" als ausgezeichneter Kellerbaustein gesucht. Gewisse andere lokale Kalklagen zwischen dem Schiefer wie die „Gelbe Platte" und die „Schlacken" fanden in gebrannter Form als schwarzer Kalk zu Bau- und Düngezwecken Verwendung.

Der Schiefer selbst ist bituminös und enthält je nach Schicht und Ort bis 15% organische Substanz; er brennt. Durch Schwelen (trockene Destillation) wird das Bitumen zersetzt und man erhält 3–8% Schieferöl. Auf dem nach Fleins ausgegrabenen, oft mehrere ha großen Gelände bei Holzmaden, Ohmden, Zell und Boll sind durch Unachtsamkeit immer wieder große Schieferbrände entstanden. Dabei ist der Schiefer eines solchen ganzen ausgegrabenen Bezirks, so tief hinab wie die Schieferbrüche waren, in mitunter jahrelang andauerndem Brand verschwelt. Das anstehende, nicht ausgegrabene Gestein brennt wegen der ungenügenden Luftzufuhr nicht. „Unter Eberhard III. 1668 geriet eine Schiefergrube bei Boll in Brand. Niemand wußte dem Brande zu wehren, der selbst das Wunderbad zu ergreifen drohte. Während des 6 Jahre dauernden Brandes floß aus dem Boden ein Öl, das die Leute als Steinöl verkauften" (O. Fraas). Der letzte größere Schieferbrand war bei Holzmaden in den Jahren 1937 bis 1939.

In frei geschichteten Schieferhaufen mit dazwischen eingebrachten Kalklagen diente der Schiefer früher vielfach zum Brennen des Kalkes. Gebrannter Schiefer mit ganz geringer Zugabe von Zement läßt sich zu Formsteinen verarbeiten. Bei Bad Boll wird Posidonienschiefer fein gemahlen als Heilschlamm verpackt.

In aller Kriegs- und Notzeit, seit Kohle und vor allem Öl wichtigste Rohstoff- und Energiequellen geworden sind, hat man dazu auch die Posidonienschiefer mit heranzuziehen versucht. So entstanden bei Göppingen-Holzheim im ersten Weltkrieg und danach die Juraölschieferwerke, ein Betrieb, welcher zunächst auf Schieferölgewinnung abgestellt war, später aber die bituminösen Schiefer lediglich als Wärmequelle und Komponente zur Zementherstellung (Jurament) aus Weißjurakalken und Liastonmergeln verwendet hat. Das Werk ist stillgelegt und abgebrochen. In ähnlicher, aber viel rationellerer Weise arbeitet das um 1938 erstellte Portlandzementwerk Dotternhausen bei Balingen-Rottweil und gewinnt Schieferöl nur als Nebenprodukt. In der Balinger Gegend wurden in den letzten Kriegsjahren nur auf Ölgewinnung gerichtete rohe Anlagen erstellt, die eingegangen sind.

Öl und Teer aus den Posidonienschiefern fanden und finden unter vielerlei Namen auch pharmazeutische Verwendung. Des Näheren auf die Ölschieferfrage einzugehen, soll hier nicht unsere Aufgabe sein; sie wurde nur erwähnt, da Bernhard Hauff als bester Kenner der Posidonienschiefer in Württemberg sich auch damit befaßt und manchen guten Rat gegeben hat.

In Holzmaden ist es immer bei den Schieferbrüchen geblieben, die früher in glücklicher Verbindung mit der Landwirtschaft von den Bauern auf ihren eigenen Feldern und Wiesen dort, wo der Platz günstig war, oder in Pacht von Gemeinde oder Staat betrieben wurden. Hierbei fanden sie auch die Versteinerungen; auf sie zu achten und sie zu erkennen ist ein hohes Verdienst der Steinbrecher dieser Gegend. Bernhard Hauff hat bei seiner Arbeit im Steinbruch damit begonnen, andere angelernt, und heute gehört das Erkennen und Finden von Versteinerungen hier zum Handwerk des Steinbrechers. Etwa 30 Schieferbrüche mit insgesamt mehr als 100 Steinbrechern waren im Jahr 1939 im Betrieb (Abb. 2). Während des Krieges ruhte die Arbeit fast völlig. 1950 waren es wieder nahezu 20 Schieferbrüche, seitdem sind leider viele unter der Konkurrenz von ausländischem Schiefer, Marmor und nicht zuletzt durch die aufkommenden Kunststoffe eingegangen. Nur noch fünf Brüche waren im Jahr 1959 offen. Mit der Verwendung der Fleinsplatten in bruchrauher Fläche zum innenarchitektonischen Ausbau für Natursteinwände, -böden, -treppen und besonders für Tischplatten erlebte die Schieferindustrie einen neuen Aufschwung. Die wenigen noch verbliebenen Schieferbrüche wurden vergrößert, neue angelegt und der Abbau stufenweise und zunehmend maschinell betrieben, sehr zum Schaden der Versteinerungen. Die in Verbindung mit dem Denkmalschutzgesetz erlassene Verordnung über das Grabungsschutzgebiet Versteinerungen Holzmaden enthält deshalb besondere Vorschriften über den Abbau in den einzelnen Schichten zum Schutz des Fossilinhalts und um die Möglichkeit der Bergung zu erhalten.

Abb. 3: Der Steinbrecher.

Die Posidonienschiefer

Die Posidonienschiefer gehören dem Schwarzen Jura (Lias) an und bilden dessen zweitjüngste Stufe, von Quenstedt als Lias ε (epsilon) bezeichnet. Das Alter beträgt nach heutiger Berechnung gut 170 Millionen Jahre. Der Name rührt her von der alten Bezeichnung *Posidonia bronni var. parva* Voltz, nach dem griechischen Meeresgott Poseidon, für eine kleine Muschel. Ihr heutiger Name ist *Bositra buchi* (Roemer). Sie ist das Leitfossil, das heißt die für diese Ablagerung charakteristische Versteinerung. Diese Schiefer sind Meeresschlicke in einzelnen mehr oder weniger mächtigen Schichtpaketen, in sich gleichmäßig, sehr feinkörnig, durch fein verteilten Schwefelkies und Bitumen (bis 8%) dunkel gefärbt. Sie sind fester und verwitterungsbeständiger als die Schichten darunter (das Liegende) und darüber (das Hangende) und bilden daher die fruchtbare Vorebene am Fuße der Alb (Abb. 1). Abb. 4 gibt Aufschluß über die Verteilung von Land und Meer und damit über den Raum der Ablagerung. Deren Ausbildung (Fazies) hängt ab von der Entfernung von der Küste, der Materialzufuhr vom Land her, den Meeresströmungen und den klimatischen Bedingungen. Die beigefügte Profiltafel enthält ein Profil der Schichten aus einem Bruch bei Holzmaden.

In seiner Arbeit: „Untersuchung der Fossilfundstätten von Holzmaden im Posidonienschiefer des Oberen Lais Württembergs". Palaeontographica LXIV. Band. E. Schweizerbart'sche Verlagsbuchhandlung Stuttgart 1921, hat Bernhard Hauff seine reichen Erfahrungen niedergelegt. Danach lassen sich die Posidonienschiefer in drei Hauptstufen gliedern: Unter-, Mittel- und Ober-Epsilon, mit I, II und III bezeichnet. (Profiltafel, Abb. 188).

Unter-Epsilon (I), auf den Kostatenkalken des Lias δ (delta) aufliegend, umfaßt 4 in sich durchaus verschiedene Schichten: zuunterst 15 cm starke blaugraue Mergel I_1; sie erinnern in Fazies, nicht aber in Fossilführung stark an die Amaltheentone (δ). Ihnen liegt der „Tafelfleins" I_2 auf, der 25 cm mächtig als erster Horizont typische Schieferung und feinste Schichtung aufweist und früher bei Zell zwischen Holzmaden und Boll vielfach gebrochen und technisch verarbeitet wurde. Darüber folgen die „Seegrasschiefer" I_3, ein blaugrauer, zäher, schiefriger Mergel, der 20 cm mächtig ist und durchdrungen von den namengebenden breitblättrigen Fukoiden (Abb. 179). „Aschgraue Mergel" I_4 mit einer Mächtigkeit von 50 cm schließen Unter-Epsilon ab, das demnach bei Holzmaden eine Mächtigkeit von 90 cm im Westen und von 104 cm im Osten aufweist, sich faziell an die Amaltheentone anschließt, im Tafelfleins aber bereits einen typischen Vertreter bituminöser Mergelschiefer hat.

Das palaeontologisch interessanteste Mittel-Epsilon (II) beginnt mit dem „Koblenzer" II_1, der 15 cm mächtig, dem Tafelfleins ähnelt, aber weicher und daher technisch unbrauchbar ist. Der „Hainzen" II_2, nur 5 cm stark, reich an Schwefelkies, schiefrig, bildet das Liegende des „Fleinses" II_3. Zur Gewinnung dieser nur 18 cm starken Bank sind alle Schieferbrüche im Betrieb. Der Fleins zeichnet sich durch gleichmäßige Ausbildung und Güte des Materials besonders aus. Schon im folgenden Horizont, dem „Unteren Schiefer" II_4 schwankt die Mächtigkeit in dem kleinen Umkreis von Holzmaden beträchtlich. Im Westen 40 cm, im Osten 105 cm schwillt dieses Ölflöz bei Eislingen auf 330 cm an und erreicht dort eine ähnliche Mächtigkeit wie in der Gegend von Balingen. Zur Gewinnung seines Öls – es liefert im Maximum etwa 8% – erstand im ersten Weltkrieg in Göppingen/Holzheim das Juraölschieferwerk und wurden während des zweiten Weltkrieges die verschiedenen Ölausbeutungswerke in der Balinger Gegend erstellt. Mit dem „Unteren Stein" II_5 der nun folgt, schaltet sich plötzlich eine 17 cm mächtige Kalkbank von lokal verschiedener, z.T. laibsteinartiger Ausbildung ein. Diesem II_5 folgt ein in Feinfazies und Mächtigkeit wechselndes Schieferpaket („Klotz") II_6 „Steinplatte" und „Wolke" das, nur mancherorts eine Kalkbank, die Steinplatte, führt und insgesamt 60 cm mißt. Die „Gelbe Platte" II_7 darüber, eine fast vollkommen fossilleere Stinkkalkbank, nur bei Holzmaden ausgebildet und eine 5 cm starke Schieferlage sind dann überdeckt von der zweiten größeren Kalkbank, dem „Oberen Stein" II_8, dessen große Regelmäßigkeit und auf weite Gebiete gleichbleibende Mächtigkeit von 18 cm bemerkenswert ist. Nach wieder einer feinen Schieferzwischenlage folgt bei Holzmaden gleich eine weitere Kalkbank, der „Wilde Stein" II_9 10–15 cm stark. In seinem Hangenden treffen wir auf eine weithin gleichmäßige 10 cm starke, feste Schieferschicht, den „Falchen" II_{10}, zum letzten Mal eine einheitliche Ablagerung auf größerem Raum. Seinen Abschluß findet Mittel-Epsilon in einem außerordentlich wechselnden, auch bei nahe beieinanderliegenden Brüche verschieden ausgebildeten Schieferpaket von etwa 70 cm Mächtigkeit mit Schiefer, „Schlacken" und „Kloake". Insgesamt messen wir in den Aufschlüssen bei Holzmaden/Ohmden 205 bis 400 cm Mittel-Epsilon.

In einer Reihe von Brüchen schließt nun der Schlacken II_{12} als oberster Horizont von Mittel-Epsilon die Schieferfolge gegen die Jurensismergel ab. Besonders in der Gegend von Nürtingen-Reutlingen und Boll aber finden wir über Mittel-Epsilon noch ein bis zu 10 m mächtiges Ober-Epsilon (III) ausgebildet, ein weiches, seiner Fazies nach sehr gleichmäßiges, aber mehr mergeliges Sediment ohne eine so ausgeprägte Schichtung.

Die chemische Zusammensetzung der Posidonienschiefer ist im allgemeinen folgende:

	Si	52,4	Na	1,5
	Al	19,1	Mn	0,5
	Fe	15,3	Sr	2,4
	Mg	3,3	Cr	1,5
	K	5,3	Ni	0,07

in % des Trockengewichts bezogen auf 100%.
Untersucht wurde der Bereich unter dem „Oberen Stein" (aus Bayer W. 1978)

Das Gestein des Lias ε ist ein feingeschichteter Mergelstein, der festes Bitumen enthält. Dieses sogenannte Kerogen- und Polybitumen zeigt im Mikroskop keine organischen Strukturen; es ist in organischen Lösungsmitteln nur sehr wenig löslich und läßt sich durch Zerstörung der organischen Gesteinskomponente, z. B. durch Schwelen, befreien, wobei es gespalten wird. Außerdem enthalten die Schiefer sehr viel pflanzliche Reste, vor allem Sporen und Pollen; die häufigste Form in Nord- wie in Süddeutschland scheint *Sporites schandelahensis* (Thiergart) zu sein.

Die Ölschiefer sind durchschwärmt von winzigen Pyritkügelchen und sind lagenweise reich an Pyrit- und Markasitkonkretionen. Phosphorit kommt nur in Form von Koprolithen und Wirbeltierknochen vor. Auf letztere, besonders auf die zahllosen zerstreuten Knochenreste von Fischen, ist der geringe Phosphatgehalt der Schiefer zurückzuführen. Das Gestein selbst ist praktisch phosphorfrei. Der Kalkanteil der Schiefer, bis zu 40%, stammt, wie das mikroskopische Bild zeigt, zu einem kleinen Teil aus Skelettresten von Organismen (Muschelschalen, Seeigelstacheln, Mikroorganismen) und zerstreuten feinen Calcitpartien, in weit überwiegendem Maß aber aus äußerst feinkörnigen, bitumenfreien Kalkteilchen von ganz unregelmäßiger Form. Diese Kalkkörner sind lagenweise angereichert und bedingen mitunter Feinschichtung. Manche Horizonte, besonders Grenzzonen zwischen den einzelnen Schichten, sind grauweiß gesprenkelt und haben eine Art „Pfeffer und Salz-Muster". Diese Kalkkörner sind auch in anderen liassischen Ölschiefern und genau in der gleichen Weise in den Fischschiefern der Unterkreide zu beobachten. Ihre Deutung ist noch nicht gelungen; mit Vorbehalt möchte sie Aldinger für Kalkkrusten halten, die von den an der Oberfläche des Meeres treibenden Algen und Tangen durch Assimilation abgeschieden wurden und später abfielen.

Die Kalkzwischenlagen als durchlaufende Bänke oder in Form von Laibsteinlagen bestehen aus feinkristallinem Kalk von eigenartiger Pflasterstruktur und sind bitumenarm bis bitumenfrei; einige Bänke, z.B. der Untere Stein II$_5$ und die Monotisbank Nordwestdeutschlands, zeigen deutliche Feinschichtung nach helleren und dunkleren, weil bitumenreicheren Lagen.

Sehr auffallend sind die scharfen Schichtgrenzen und der plötzliche Wechsel von Schiefer und Kalksteinzwischenlagen in großer Verschiedenheit auf engem Raum.

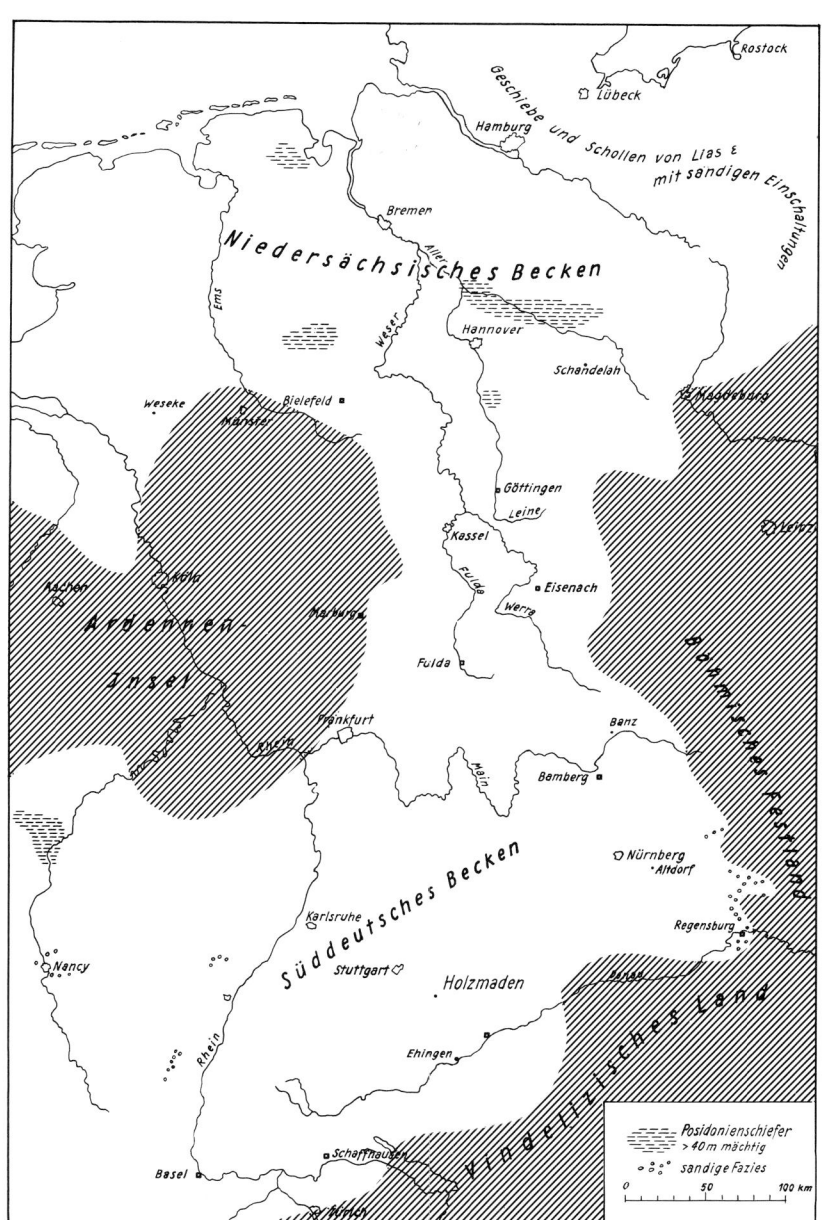

Abb. 4: Verteilung von Land (schräg schraffiert) und Meer zur Zeit der Ablagerung der Posidonienschiefer (Lias ε). Dem Vindelizisch-Böhmischen Festland im Osten und Südosten steht die Ardenneninsel im Westen gegenüber. Die größte Tiefe (Mächtigkeit der Schiefer über 40 m) war in Niedersachsen. Sandige Ausbildung am Rande der Festländer. (Nach Brockamp verändert.)

Bergung und Präparation der Versteinerungen

Die Fossilien in den Posidonienschiefern bei Holzmaden sind auf der Welt einzigartig, ganz besonders in der Erhaltung einzelner Funde, aber auch durch die Vielzahl und Mannigfaltigkeit. Verschiedene günstige Umstände wirken hierbei zusammen: die unbestritten größere absolute Häufigkeit in diesem Raum, die Art des in wenig tiefen Schieferbrüchen leicht spaltbaren Materials und damit verbunden die Technik des Abbaues, die wohl geschulte Aufmerksamkeit der Steinbrecher auf jeden fossilen Einschluß und seine sofortige Meldung und nicht zuletzt ein rechter Finderlohn, jedenfalls aber die ordnungsmäßige Entschädigung für jede Zeitversäumnis um die Versteinerungen.

Die Fragen nach Häufigkeit, Verteilung, Einbettung und Erhaltung seien zusammen mit dem Problem der Entstehung der Posidonienschiefer und der Biologie ihres Fossilinhalts am Schluß erörtert. Über die Erhaltung im allgemeinen – dies sei schon hier betont – vermitteln die zahlreichen Schaustücke in den Museen nicht den rechten Eindruck, sie sind das Beste vom Guten. Selbst aus den Posidonienschiefern lohnen 9/10 aller Funde die Präparation nicht; sie sind zerfallen und meist unvollständig. Die Häufigkeit selbst ist wohl größer als in sehr vielen anderen Sedimenten, jedoch bei weitem nicht so ungeheuerlich, wie vielfach angenommen und leider auch in der Literatur angegeben wird. Es ist eine weit verbreitete irrige Meinung, daß in einem einzigen, zu dem Museum Hauff gehörenden Schieferbruch nach Versteinerungen gegraben wird und hier, wie in einer Katakombe, sich in bald jeder Schieferplatte ein wohlerhaltener Ichthyosaurus findet. So ist es nicht. Die Versteinerungen sind auch hier in den „Fossilfundstätten", jenen oben beschriebenen Schieferbrüchen viel zu selten, als daß sich nach ihnen graben ließe. Wie schon erwähnt, waren 1939 rund 30 Schieferbrüche mit etwa 100 Arbeitern im Betrieb. Gefunden wurden u. a. in allen Brüchen zusammen in einem ganzen Jahr etwa 8 brauchbare und etwas mehr als hundert zerfallene und unvollständige Reste von Ichthyosauriern. Es müßten also 12 Arbeiter etwa ein Jahr graben, um einen guten Ichthyosaurus zu finden.

Dieses Finden der Versteinerungen ist nicht leicht. Liebe zur Sache und ein geschultes Auge und auch für jeden Fund der bereits erwähnte Finderlohn sind die Grundvoraussetzungen dazu. Wenn auch der allergrößte Teil der Fossilien unvollständig und zerfallen ist, so muß doch jeder Fund gemeldet und vom Fachmann untersucht werden; denn nur er kann erkennen, was wissenschaftlich interessant ist. Zudem lassen sich vielerlei Fragen nur aus einem möglichst großen Überblick heraus stellen und auch beantworten. Normalerweise hat der Knochen eine braune Farbe im Gegensatz zu dem grauen Schiefer und eine deutliche Struktur. Er ist so beim Aufreißen des Schiefers und Zerschlagen der großen Platten im Querbruch für den Steinbrecher bei der Arbeit – wenn auch schwer – erkennbar (Abb. 3). Manchmal deutet auch eine kleine Wölbung im Gestein auf den Einschluß hin. In der Regel aber ist von der Oberfläche des Gesteins her von seinem fossilen Einschluß nichts zu sehen. Jetzt ist es wichtig, daß die Arbeit im Schieferbruch sofort eingestellt und der Fund gemeldet wird. Denn gerade weil die Versteinerung so schwer zu erkennen ist, geht zu leicht etwas verloren, oder liegt mitunter schon ein Teil zusammengeschlagen auf dem Abraum, bis sie überhaupt bemerkt wird. Nun muß der Fachmann unverzüglich zur Stelle sein. Er muß den Fund erkennen, und in den Querbrüchen Art, Größe und Verlauf der Versteinerung erfassen. Er legt die Stücke wieder sorgfältig in ihre ursprüngliche Lage und hebt vollends Schiefer- um Schieferstück mit dem Einschluß heraus (Abb. 11). Sehr wichtig für die ganze Bergungsarbeit im Schieferbruch ist es, den Fund, wenn er schon im großen Ganzen ungestört und voraussichtlich vollständig ist, auch vollständig zu bekommen. Die Erfüllung dieser Voraussetzung zur Präparation kann auf erhebliche Schwierigkeiten stoßen, wenn die Versteinerung beim Schieferbrechen, wie bereits angedeutet, nicht gleich entdeckt wurde und ein Teil bereits zerschlagen auf der Abraumhalde liegt. Gründliches, oft stunden-, ja tagelanges Suchen hat schon manches Mal zum Erfolg geführt (Abb. 5).

Die genauere Untersuchung auf Erhaltung und Einbettung nimmt der Präparator in seiner Werkstätte vor. An erfahrungsgemäß kritischen Stellen werden bei dieser Untersuchung kleine Skelettabschnitte roh präpariert, das heißt zunächst mit Meißel und dann mit feinen Messern mumienartig freigelegt. Wenn dann so festgestellt ist, daß sich die Präparation lohnen wird und wissenschaftlich Interessantes, ja vielleicht Neues entdeckt werden kann, beginnt der Präparator mit der Freilegung im Einzelnen. Meistens müssen dabei kleine und kleinste Stücke, in die der Fund durch die Eigenart des Gesteins und seine Zerklüftung und die Arbeit des Steinbrechers zerbrochen ist, zunächst zu handlicher Größe zusammengeleimt werden. Die Präparation selbst, also das reliefartige Freilegen des Fossils, so sorgsam, daß es selbst unverletzt bleibt, aber ganz klar vor uns liegt, ist eine sehr mühsame und außerordentlich zeitraubende Arbeit; sie verlangt einen geübten Blick, eine geschickte Hand und viel Geduld. Gestein und Versteinerung bilden eine feste Masse. Sie lassen sich nicht einfach auseinander spalten, ohne daß die Versteinerung dabei nicht selbst gespalten und zerstört würde. Chemische Mittel wirken auf die Versteinerung intensiver als auf den bituminösen und deshalb chemisch schwer angreifbaren Schiefer. Es bleibt also nur, das Fossil so vorsichtig wie möglich aus dem Gestein herauszuschneiden und zu schaben. Als Werkzeuge dienen Meißel, Messer, Grabstichel und als unentbehrliches Hilfsmittel die große Lupe und das Binokularmikroskop (Abb. 6, 7). So wird in vorsichtiger Schneide- und Schabarbeit Knochen um Knochen freigelegt, letztlich Schieferstäubchen um Schieferstäubchen sorgfältig entfernt, so exakt und fein, daß – allerdings als große Seltenheit, aber zugleich als Gradmesser für die Feinheit der Präparation – sogar hauchdünne Haut- und Muskulaturreste bis zum ganzen Körperumriß wieder sichtbar werden. Je vorsichtiger und feiner diese mühevolle und anstrengende Arbeit ausgeführt wird, umso mehr Zeit verlangt sie, aber umso besser, das heißt wissenschaftlich wertvoller und schöner ist das Präparat. Häufig müssen die versteinerten Skelett- und auch die Weichteile schon während der Präparation gehärtet werden, um sie genau so zu erhalten, wie sie aus dem Gestein bei der Freilegung heraus kommen und um sie vor dem Zerfall zu schützen.

Der so in einzelnen handlichen Stücken freigelegte Fund muß jetzt noch zusammengesetzt werden. Als Unterlage dient gewöhnlich bei größeren Stücken eine abgesperrte Holzplatte. Darauf werden die auf der Rückseite eben gearbeiteten Stücke so fest in ihrer ursprünglichen Lage zusammengefügt und verankert, daß die Bruchlinien beinahe verschwinden. Der Schiefer um die Versteinerung herum wurde früher meist geschliffen und rechteckig ergänzt. Seit geraumer Zeit legen wir die vielfach zerbrochenen Skelette von Sauriern, Fischen und Seelilien auch als Intarsien in bruchrauhe Schieferplatten ein, oder wir montieren die Schieferbruchstücke, in denen die Versteinerung liegt, im ursprünglichen Zusammenhang auf eine Holzplatte.

Schließlich, nach beendeter Präparation, ist das ganze Fossil, wie es vor mehr als 170 Millionen Jahren in das Meeressediment eingehüllt und mit ihm versteinert worden ist, in allen Einzelheiten wieder sichtbar und der wissenschaftlichen Bearbeitung zugänglich.

Wir wollen an dieser Stelle unserer Präparatoren in ganz besonderer Anerkennung und Dankbarkeit gedenken. Sie haben, Treue mit Treue vergeltend, an unserer Arbeit in Mühe und Erfolg Anteil: Oberpräparator CHRISTIAN FISCHER † 1950, der 50 Jahre lang unser treuer, tatkräftiger Mitarbeiter war, Präparator WILHELM BAUER, gefallen 1917, Präparator ALBERT RÖSCH, gefallen 1942, Oberpräparator OTTO FISCHER, der sorgfältige, fleißige, verantwortungsbewußte Nachfolger seines Vaters 1935–1970, Oberpräparator WILLI GÖLZ und Präparator EMIL LIEBRICH, die bei der Präparation und Aufstellung der großen Fossilplatten im neuen Museum meisterliche Arbeit geleistet haben.

Nachdem in jahrzehntelanger, bester Zusammenarbeit mit allen Steinbrechern eine große Anzahl von Versteinerungen geborgen und viele präpariert waren und damit ein wertvoller Beitrag zur Erforschung der Erdgeschichte und der Entwicklung des Lebens geleistet war, hat BERNHARD HAUFF angeregt, daß das Gebiet der Fossilfundstätten um Holzmaden zu einer Art Naturschutzgebiet erklärt werde, um wie bisher auch für die Zukunft gesetzlich zu erwirken, daß alle Funde von einer Stelle geborgen und bearbeitet werden. Das Württembergische Kultministerium und vor allem die Landesstelle für Naturschutz haben diesen Vorschlag verwirklicht und im Jahr 1938/39 das Versteinerungsschutzgebiet Holzmaden geschaffen. Es ist im Zug des neuen Denkmalschutzgesetzes 1979, wie bereits erwähnt, in fast gleicher Abgrenzung als ,,Grabungsschutzgebiet Versteinerungen Holzmaden'' übernommen. Durch diese gesetzliche Regelung ist von staatswegen der Schutz und die Betreuung der Fossilfundstätten gesichert.

Die Finanzierung des Finderlohns, der Bergung und der Präparation der Versteinerungen erfolgt, soweit es sich nicht um Kulturdenkmale handelt, aus dem Verkauf der präparierten Fossilien, einerseits an Museen, andererseits an private Interessenten, in öffentliche oder industrielle Gebäude als ganz besonders eindrucksvolle und interessante Schmuckstücke.

Abb. 5: Bernhard Hauff bei der Bergung eines Ichthyosauriers. Der Fund, vielfach zerbrochen, ist in seiner ursprünglichen Lage wieder zusammengelegt.

Abb. 6: Dr. h. c. Bernhard Hauff bei der Arbeit.

Das Museum Hauff

Das Museum Hauff hat seinen Ursprung in der in Fachkreisen berühmten und bewunderten Sammlung von Dr. h. c. BERNHARD HAUFF. Mit dem Bau der Autobahn Stuttgart – Ulm entstand in den Jahren 1936/37 auf Anregung von Dr. TODT mit dankenswerter Unterstützung des Württembergischen Kultusministeriums und namhafter Spender ein kleines Museum, das in zunehmendem Maß Ziel von zahlreichen interessierten Besuchern und besonders auch von Schulen war. Schon immer war es unser Wunsch, und wir haben gemeinsam jahrelang darauf hingearbeitet, hier an Ort und Stelle, inmitten der Fossilfundstätten, in größerem Rahmen einen geschlossenen Überblick über die fossile Lebewelt der Posidonienschiefer schaffen zu dürfen. Mit dem neuen Museum, 1967/71 nach Plänen von Professor WILHELM von der T. U. Stuttgart und Dipl. Ing. SCHWARZ erbaut, ist dieser Wunsch erfüllt. Das neue Museum wurde durch das Kultusministerium Baden-Württemberg, die Stiftung Volkswagenwerk und von Freunden des Museums Hauff, aber auch mit aus eigener Kraft finanziert und von uns gebaut und eingerichtet. Durch die unweit vorbeiführende Autobahn Stuttgart – Ulm, wo am Albaufstieg vor der Ausfahrt Aichelberg Hinweisschilder mit der Aufschrift „Urweltfunde" stehen, ist das Museum Hauff an den Verkehr aus Nah und Fern angeschlossen.

Abb. 7: Oberpräparator Willi Gölz: Präparation einer „Seelilie" *Seirocrinus subangularis* (MILLER).

Abb. 8: Lebewelt des Liasmeeres

Die Fossilien der Posidonienschiefer

Es liegt im Wesen bituminöser Sedimente, organische Einschlüsse wohl zu erhalten, mögen sie nun hier gelebt haben oder ortsfremd sein, hergewandert, mit dem Wind oder der Strömung befördert, natürlich gestorben und bereits mehr oder weniger verwest oder irgendwie umgekommen sein. Wohl haben wir bis heute einzelne Schicksale von manchen unserer Fossilien erkannt, gar viele große Fragen sind aber noch ungeklärt. Jedenfalls dürfen wir nicht einfach von der Fauna und Flora des Lias ε-Meeres im Raum von Holzmaden sprechen, wenn wir den ganzen Fossilinhalt der dortigen Posidonienschiefer meinen (Abb. 8).

Über das Vorkommen der Fossilien gibt die Profiltafel Aufschluß, wobei die beispielhaft genaue Horizontierung von großer paläontologischer Bedeutung ist.

Sowohl die Wirbeltier- wie großenteils auch die Wirbellosen-Funde sind von jeweils ähnlicher Körpergröße (ausgewachsen), während junge Tiere als Seltenheiten zu bezeichnen sind. Die Grenzen der Horizonte sind in der Regel auch zeitliche Festpunkte für das Einsetzen und Ausbleiben oder Aufhören gewisser Tierarten. Sehr auffallend ist dabei das fast vollständige Fehlen der Wirbeltiere in Ober-Epsilon.

Saurier (Echsen)

ICHTHYOSAURIER (Fischsaurier, Abb. 9–41)

Unter den Sauriern sind die Ichthyosaurier die häufigsten, weit über die Kreise der Wissenschaft hinaus bekannt, gerade durch die Funde aus den Posidonienschiefern bei Holzmaden, Ohmden und Boll. Sie waren auch mit die ersten fossilen Wirbeltiere, die vor bald 400 Jahren als Versteinerungen erkannt worden sind und schon darum bedeuten sie uns viel. Zu ihrer Erforschung hat Bernhard Hauff besonders beigetragen. Denn vor seiner Zeit gab es kaum ein vollständiges Skelett in unseren Sammlungen und erst recht kein Exemplar, an dem noch Reste von Weichteilen erhalten und präpariert waren. Die Entdeckung fossiler Haut- und Muskulatur in den 90er Jahren des vorigen Jahrhunderts war zunächst so unglaublich, daß namhafte Gelehrte dem jungen Bernhard Hauff damals den dringenden Rat gaben, seine Zeit nutzbringender zu verwenden und nicht nach so Unmöglichem wie fossilen Weichteilen zu suchen, dies könne es nicht geben. Bis dann in unermüdlichem Fleiß und Sorgfalt die vollständige Hautbekleidung um einen etwa 1,2 m langen Ichthyosaurus freigelegt und der untrügliche Beweis erbracht war, daß dies doch möglich ist.

Außerdem sind die Ichthyosaurier aber auch entwicklungsgeschichtlich hochinteressant. Endlich darf hier nicht unerwähnt bleiben, daß die verhältnismäßig große Anzahl von Funden, welche in ihrer geologischen Zeitfolge sehr genau abgegrenzt und verglichen werden können, dem Paläontologen ein bis jetzt einmaliges Arbeitsfeld genealogischer, onto- und phylogenetischer Untersuchungen eröffnet hat. Professor Dr. von Huene hat hier in sehr eingehenden Arbeiten immer neue Erkenntnis gewinnen können.

Die Ichthyosaurier der Posidonienschiefer sind an das Leben im Wasser vollkommen angepaßte Reptilien, Fischechsen, wie der Name sagt (Abb. 10). Schon ihre Vorfahren in der unteren und mittleren Trias haben dieses Stadium weitgehend erreicht. Dann aber klafft in der paläontologischen Überlieferung noch eine Lücke, über die hinweg der genaue Anschluß sich erst mehr ahnen als verfolgen läßt. Wahrscheinlich hat die Umstellung auf das Wasserleben sehr früh mit wenig spezialisierten Sauriern des oberen Karbons begonnen. Sie hat eine gründliche Wandlung des Körpers mit sich gebracht. Der Schädel (Abb. 9), besonders der viscerale Teil, streckt sich dabei weit nach vorne und spitzt sich zu. Zwischen dem Postfrontale und Supratemporale liegt eine (metapside) Schläfenöffnung, im Gegensatz zu allen anderen Reptilien, bei denen die (obere) Schläfenöffnung sich zwischen dem Postorbitale und Squamosum befindet. Um das Auge bildet sich ein kräftiger Knochen- oder Scleralring (Abb. 28). Ohne Hals geht der Kopf in den Rumpf über und ist fest mit ihm verankert. Die Wirbelsäule ist von der Beckengegend an kräftiger als in der Rumpfregion. Die Zahl der Wirbel nimmt zu. Der Schwanz erfährt eine Knickung nach unten, nicht wie z.B. bei den Haien nach oben, und es entsteht eine symmetrische, vertikal stehende Schwanzflosse, welche das Tier mit kraftvollen Schlägen vorwärts zu treiben vermag. Der knochengestützte, ventrale Ast der Schwanzflosse richtet den Körper aufwärts, der Wasseroberfläche zu, welche zur Luftaufnahme immer wieder angesteuert werden muß. Schulter- und Beckengürtel verkümmern. Letzterer hat als Folge der Anpassung ans Wasserleben keine Verbindung mit der Wirbelsäule. Für die einzelnen Gattungen und Arten sind feine Unterschiede in ihrer Form wichtige Merkmale. Die Extremitäten wandeln sich in vielgliedrige Paddeln um, deren Funktion zu der reiner Steuer- und Stabilisierungsorgane herabsinkt. Zu letzterem Zweck entsteht auch eine wohlgeformte Rückenflosse ohne knöcherne Stütze. Erst das ausgewachsene Tier erreicht den höchstmöglichen Anpassungsgrad. Die Nahrung der Ichthyosaurier bestand vornehmlich aus Tintenfischen, deren Tentakelhäkchen im Magen immer wieder zu finden sind. Über die Fortpflanzung sind wir durch Funde von Muttertieren mit Embryonen unterrichtet. Durch die vollständige Anpassung ans Wasserleben konnten die Ichthyosaurier zur Eiablage nicht mehr ans Land. Die Eier wurden im Mutterleibe ausgetragen und lebendige Junge zur Welt gebracht.

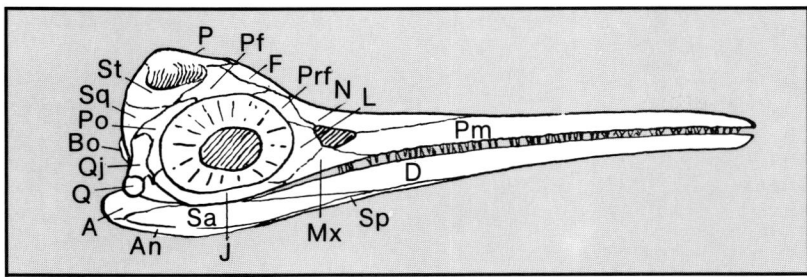

Abb. 9: Schädel von Ichthyosaurus (*Stenopterygius longifrons* v. HUENE). A Articulare, An Angulare, Bo Basioccipitale, D Dentale, F Frontale, J Jugale, L Lacrimale, Mx Maxillare, N Nasale, P Parietale, Pf Postfrontale, Pm Praemaxillare, Po Postorbitale, Prf Praefrontale, Q Quadratum, Qj Quadratojugale, Sa Supraangulare, Sp Spleniale, Sq Squamosum, St Supratemporale.
(Metapside Schläfenöffnung, vom Skleralring gestützte Augenhöhle und Nasenöffnung schraffiert).

In den Posidonienschiefern ist die Entwicklung der ausgezeichneten Anpassung abgeschlossen. Trotzdem sind die Ichthyosaurier in der Kreide ausgestorben.

Mehr als 500 Skelette sind bis jetzt freigelegt. Dank dieser großen Zahl meist hervorragend gut erhaltener Exemplare und ihrer ganz genauen Horizontierung konnte v. HUENE bei den Ichthyosauriern zum erstenmal an fossilen Wirbeltieren die Entstehung einer Art verfolgen.

Einem Überblick von v. HUENE über die Ichthyosaurier des Schwäbischen Oberen Lias dürfen wir zusammenfassend die folgende systematische Gliederung entnehmen: Nach der Struktur der Vorderextremität teilt man die Ichthyosaurier in die zwei Unterordnungen Longipinnati und Latipinnati, je nachdem vom Intermedium ein oder zwei Fingerstrahlen ausgehen. Latipinnate Ichthyosaurier sind z. B. *Eurypterygius* im unteren Lias und *Ophthalmosaurus* im Malm. Aus unserem oberen Lias sind sie nicht bekannt, hier kommen nur longipinnate Ichthyosaurier vor. Diese Longipinnati haben weniger als fünf Fingerstrahlen, vom Intermedium geht nur ein Strahl aus, jedoch können durch Sesamverknöcherungen weitere Strahlen hinzukommen. Unter ihnen treffen wir hier auf zwei Gattungen, *Leptopterygius* (v. HUENE 1921) mit *Eurhinosaurus* (ABEL 1919) und *Stenopterygius* (ABEL 1919).

Die Leptopterygier sind die selteneren, mit längerem Schädel, die Rumpfregion und der Schwanz bis zum Knick sind etwa gleich lang. Der Schwanzlappen vom Knick an ist lang und knickt steil ab. Wir unterscheiden heute die folgenden vier Arten:

Leptopterygius integer (BRONN 1844) (Abb. 36), leicht kenntlich am Coracoid ohne Incisur, massigem Schädel, Rumpf und Schwanz bis zum Knick etwa gleich lang, sehr langem Schwanzlappen, beide Exremitätenpaare schmal und lang.

Leptopterygius disinteger (v. HUENE 1916) (Abb. 35), mit etwas kürzerem Rostrum, sehr langem Schwanzlappen, breiter Vorderextremität und schmaler, aber wenig kürzerer Hinterextremität.

Leptopterygius acutirostris (PHILLIPS 1835) (Abb. 27, 37–39). Er wird sehr groß. Hierher gehört das bisher größte vollständige Skelett mit einer Länge von 10 m. Riesige Wirbel mit 20 cm Durchmesser zeugen von Ichthyosauriern dieser Art mit einer Körperlänge von nahezu 20 m. Der Schädel hat ein langes Rostrum; ein langer schlanker Rumpf und Schwanz mit jeweils vielen Wirbeln, langes steiles Schwanzende, lange Vorder- und Hinterextremitäten charakterisieren diese Spezies.

Eurhinosaurus longirostris (JAEGER 1856) (Abb. 40, 41) mit dem absonderlich verkürzten Unterkiefer und spießartig langem Rostrum, schlankem Leib, steilem, langem Schwanzlappen, großer und langer Vorder- und Hinterextremität.

Die Gattung *Stenopterygius*, erst im oberen Lias beginnend, entfaltet sich hier in zehn Arten. Die Unterschiede sind oft sehr gering und es fällt mitunter schwer, das System aufrecht zu erhalten. Das sicherste Merkmal ist die Form des Coracoids im Schultergürtel. Außerdem charakterisieren typische Körperproportionen den Habitus der einzelnen Spezies. Aus der Profiltafel ist die Abstammung und zeitliche Verbreitung der einzelnen Arten ersichtlich.

Stenopterygius eos (v. HUENE 1931), eine seltene früh auftretende Spezies, im Habitus dem anschließend erwähnten *Stenopterygius quadriscissus* ähnlich, aber mit nur 1–2 Scissen in der Vorderflosse, länglichem Coracoid mit breiter Incisur.

Stenopterygius quadriscissus (QU.EM. E. FR.) (Abb. 12–15, 17–21, 26). Er ist der häufigste. Der Schädel der ausgewachsenen Tiere ist kurz, die Unterkieferlänge geht dreieinviertel mal in der Länge der Wirbelsäule bis zum Knick auf. Alte Tiere sind fast zahnlos. Sacralwirbel ist der 46. Der Leib ist lang und tief. Es folgen 33 Wirbel bis zum Knick. Die Vorderextremität ist kurz und hat meist vier Scissen an der vorderen Phalangenreihe. Der ganze Habitus weist den *Stenopterygius quadriscissus* als den nicht gerade schnellsten und gewandtesten Schwimmer unter den Ichthyosauriern aus.

Stenopterygius incessus (v. Huene 1931), dem *Stenopterygius quadriscissus* ähnlich, vor allem aber im Coracoid mit paralleler, gerader Medial- und Lateralseite zu unterscheiden.

Stenopterygius promegacephalus (v. Huene 1949) mit wohlbezahnten Kiefern auch bei alten Tieren, mäßig langer Vorderextremität; die Wirbelsäule zählt im Rumpf etwa 44 Wirbel bis zum Becken und 36 Wirbel bis zum Schwanzknick.

Stenopterygius megacephalus (v. Huene 1922) (Abb. 22) dem *Stenopterygius promegacephalus* ähnlich, jedoch mit mehr ovalem Coracoid mit nicht so breiter Incisur.

Stenopterygius hauffianus (v. Huene 1922) (Abb. 16) mit ganz kurzem Rostrum, vollbezahnten Kiefern, langem schlankem Leib, mäßig kurzen Paddeln, das Coracoid mit breiter Incisur.

Stenopterygius crassicostatus (E. Fraas 1891) (Abb. 25)
Stenopterygius mut. antecedens (v. Huene) (Abb. 29–34) mit massigem, aber nicht besonders langem Schädel, sehr kräftiger Bezahnung, langem Leib, etwas kürzerem Schwanz, aber steilem tiefem Schwanzlappen und langer Vorderextremität.

Stenopterygius megalorhinus (v. Huene 1922) (Abb. 24) eine seltene Art mit ziemlich großem, im hinteren Teil massigem Schädel und langer, schmaler Vorderextremität.

Stenopterygius longifrons (Owen 1881) (Abb. 23) im Holzmadener Raum ebenfalls nicht häufig. Der Schädel dieser Spezies ist besonders im Rostrum langgestreckt und niedrig, die Kiefer alter Tiere nicht mehr voll bezahnt. Die Vorderextremität ist mäßig lang, das Coracoid breit, mit enger, scharfer Incisur in kurzem Abstand von der Lateralecke.

Stenopterygius uniter (v. Huene 1931) mit großem Schädel und gedrungenem Leib und mäßig langer Vorderextremität. Das Coracoid hat eine kleine, scharfe Incisur in geringem Abstand vom Lateralrand.

Die Ichthyosaurier sind weitaus die wichtigsten und häufigsten Reptilien des hiesigen Lias ε; wir haben sie aus diesem Grund eingehender und in den charakteristischen Einzelheiten ausführlicher besprochen, als dies im Rahmen eines Holzmaden-Buches notwendig erschiene. Von keinem fossilen Wirbeltier steht dem Palaeontologen eine so große Anzahl vollständiger, gut erhaltener und präparierter Skelette, zum Teil mit erhaltenen Weichteilen, zur Verfügung. Erst diese Vielzahl ermöglicht die sichere Definition der einzelnen Art, die Erkenntnis verwandtschaftlicher Beziehung und der Entwicklung im Ablauf geologischer Zeiten.

Die Häufigkeit der Ichthyosaurier ist lokal und in den einzelnen Schichten verschieden. Wir müssen dabei berücksichtigen, daß in weniger tiefen Brüchen, dort also, wo der Schiefer mehr angewittert ist und deshalb auch leichter spaltet, mehr gefunden wird als in tiefen Gruben mit kompaktem festem Material. Von großer Wichtigkeit ist außerdem die Technik des Abbaus. Dort, wo wie früher noch weitgehend manuell gebrochen und nur maschinell abgeräumt wird, kann viel mehr entdeckt und geborgen werden als bei maschinellem Abbau. Des weiteren sind nicht alle Steinbrecher gleich gute Finder. Im Durchschnitt fand sich bei nicht maschinellem Abbau in etwa 2000 Kubikmetern Gestein vielleicht ein gut erhaltener und einigermaßen vollständiger und um die zehn mehr oder weniger zerfallene, unvollständige Ichthyosaurier. Seit einigen Jahren registrieren wir die Einbettungsrichtung eines jeden Fundes. Diese Untersuchung ist noch nicht abgeschlossen. Der Großteil der Ichthyosaurier mit ihrem hochovalen Körper ist in seitlicher Lage eingebettet. Dorsale oder ventrale Lage sind selten. Auf die Fragen der Häufigkeit, Einbettung und Erhaltung werden wir später noch zurückkommen.

Abb. 10: Ichthyosaurier mit Jungen auf der Jagd nach Tintenfischen. Rekonstruktion HAUFF/RECHTER 1952

Abb. 11: Ichthyosaurier, ca. 2 m langes Skelett unmittelbar nach der Bergung.

Abb. 12: Ichthyosaurier *Stenopterygius quadriscissus* (Qu. EM. E. FR.) Lias ε II$_4$ Ohmden. 115 cm lang, während der Präparation.

Abb. 13: Derselbe Fund fertig präpariert, eines der besten Exemplare dieser Art. (Museum Hauff)

Abb. 14: Ichthyosaurier *Stenopterygius quadriscissus* (Qu. EM. E. FR.) Lias ε II, Holzmaden. 200 cm lang. Hervorragend schönes Skelett mit vollständiger Hautbekleidung. (Oxford)

Abb. 15: Ichthyosaurier *Stenopterygius quadriscissus* (Qu. EM. E. FR.) Lias ε II$_4$
Holzmaden. 230 cm lang mit vollständiger Hautbekleidung. (Frankfurt)

Abb. 16: Ichthyosaurier *Stenopterygius hauffianus* (V. HUENE) Lias ε II$_4$ Holzmaden.
190 cm lang. Beachte den gedrungenen Schädel und die Auswirkung des langgestreckten Skeletts auf die Gestalt, spitzige Rückenflosse und schmaler Schwanz im
Vergleich zu *Stenopterygius quadriscissus*, (Abb. 12–15). (Tübingen)

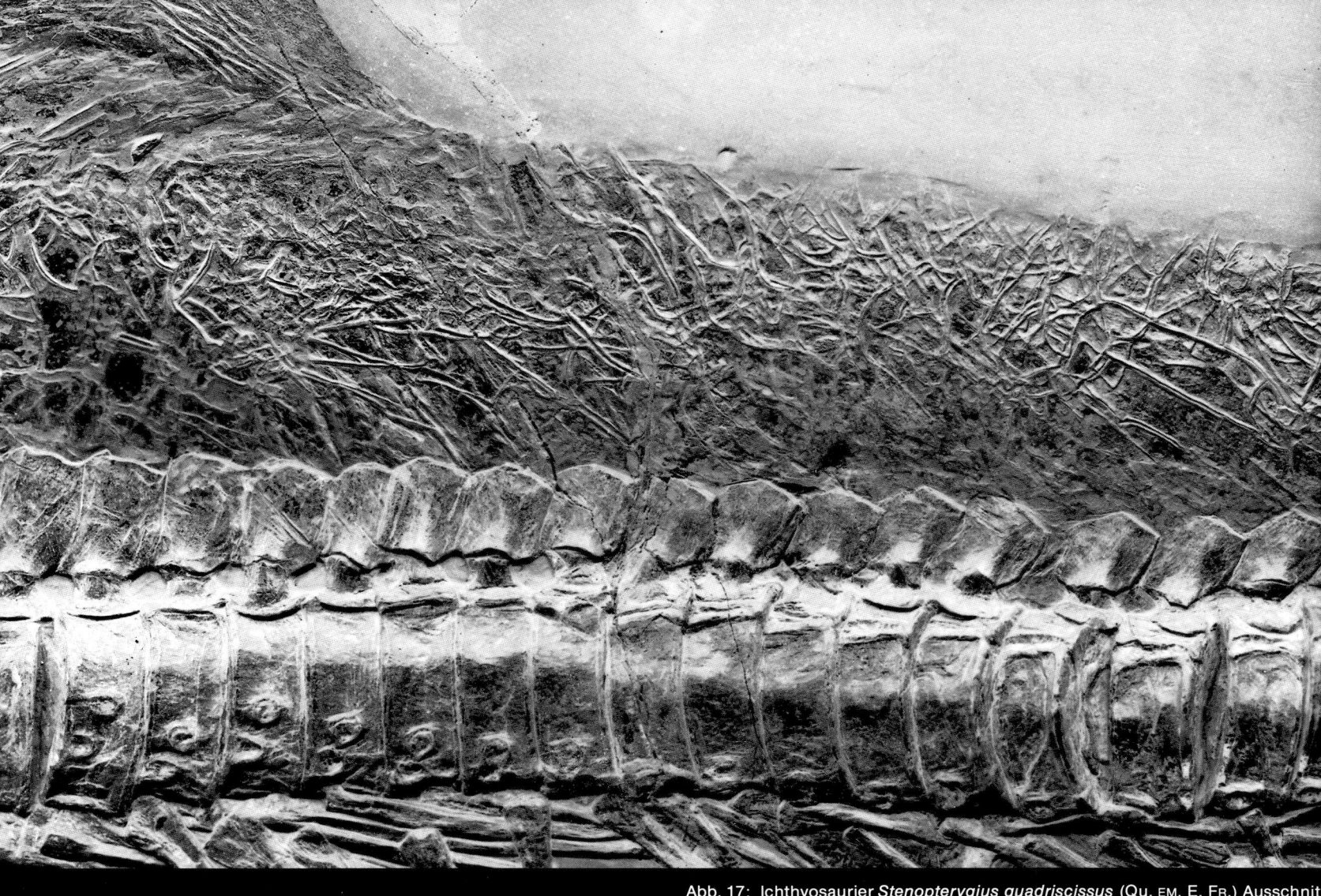

Abb. 17: Ichthyosaurier *Stenopterygius quadriscissus* (Qu. em. E. Fr.) Ausschnitt aus Abb. 15. Hautpartie hinter der Rückenflosse mit auffallenden Gewebeversteif

Abb. 18: Ichthyosaurier *Stenopterygius quadriscissus* (Qu. EM. E. Fr.) mit vollständiger Hautbekleidung Lias ε II₄ Holzmaden. 62,5 cm lang, der jüngste bisher bekannte einzelne Ichthyosaurier. (Museum Hauff)

Abb. 19: Ichthyosaurier *Stenopterygius quadriscissus* (Qu. EM. E. Fr.) Lias ε II₄ Holzmaden. 304 cm lang, mit drei Embryonen im Leib; größter Fund mit Hautbekleidung. Beachte die verschiedenen Körperproportionen des jungen und des ausgewachsenen Tieres, besonders auch den steilen Knick des Schwanzes und die fast gleichlappige Schwanzflosse beim ausgewachsenen Tier gegenüber dem viel weniger steilen Knick und der noch wesentlich niedrigeren dorsalen Schwanzhälfte des Jungen.

Abb. 20: Ichthyosaurier *Stenopterygius quadriscissus* (Qu. em. E. Fr.) Lias ε II₄ Holzmaden. 117 cm lang, ein jüngeres Tier. (Privatbesitz)

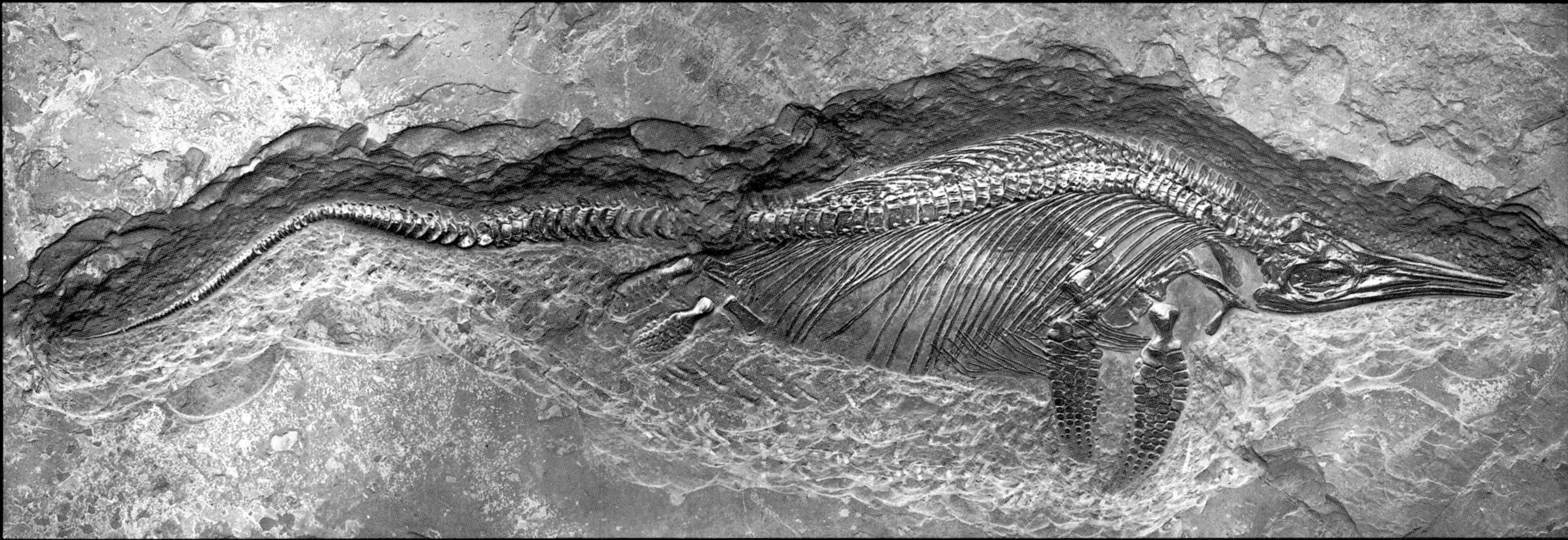

Abb. 21: Ichthyosaurier *Stenopterygius quadriscissus* (Qu. em. E. Fr.) Lias ε II₃ₐ Ohmden. 264 cm lang, ausgewachsenes Exemplar. (München)

Abb. 22: Ichthyosaurier *Stenopterygius megacephalus* (v. Huene) Lias ε II$_6$ Holzmaden. 224 cm lang. (Amsterdam)

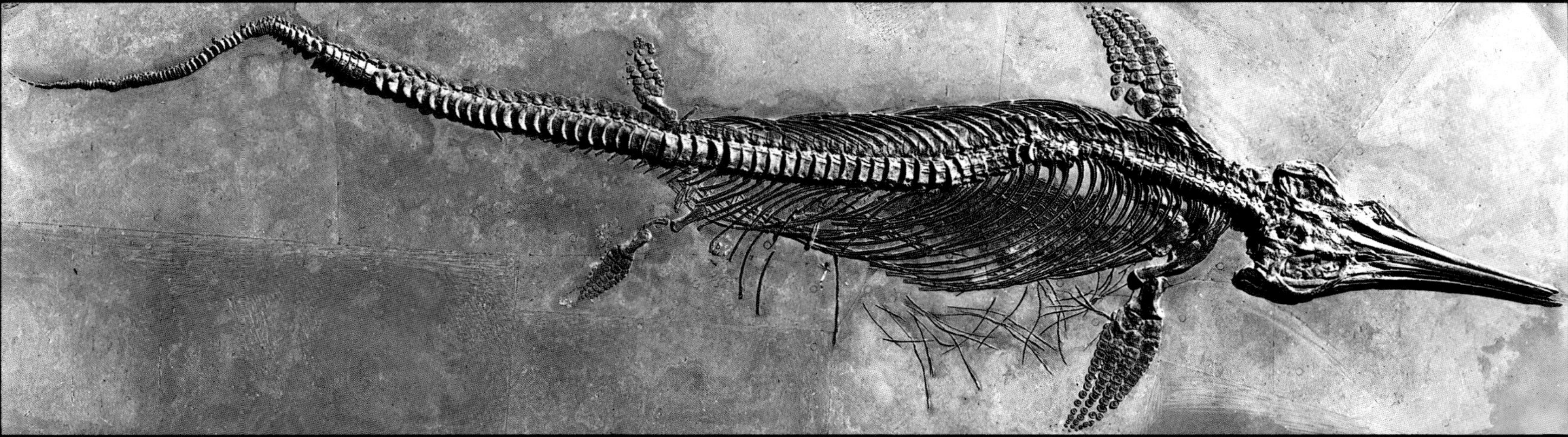

Abb. 23: Ichthyosaurier *Stenopterygius longifrons* (v. Huene) Lias ε II$_{10}$ Holzmaden. 333 cm lang. (Stuttgart)

Abb. 24: Ichthyosaurier *Stenopterygius megalorhinus* (v. Huene) Lias ε II₄ Ohmden. 207 cm lang. (Rochester, USA)

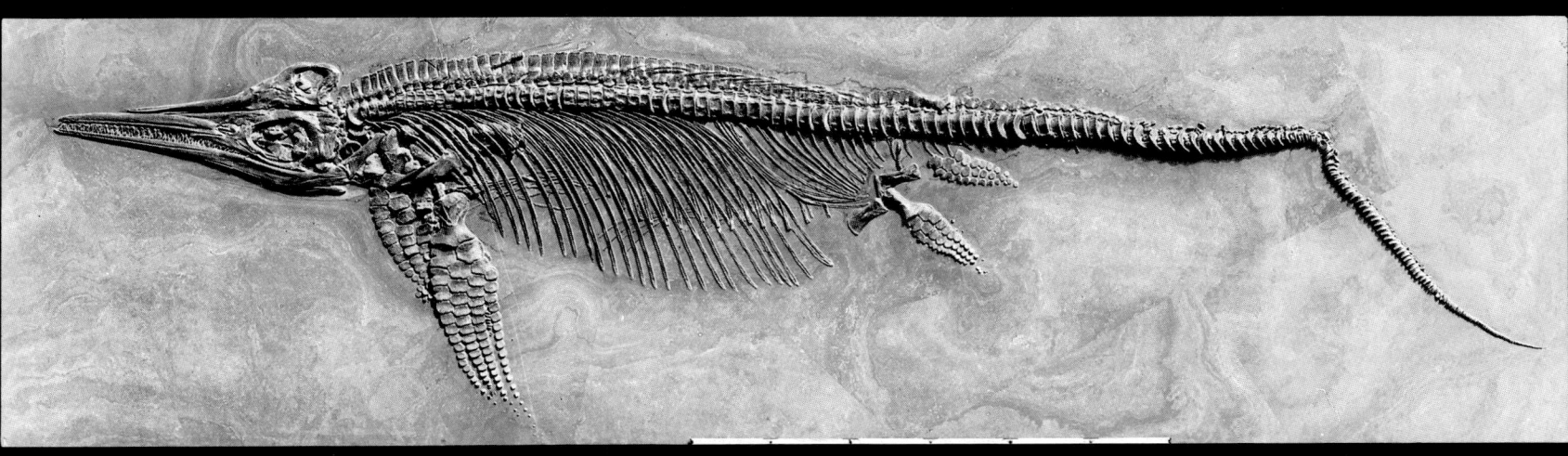

Abb. 25: Ichthyosaurier *Stenopterygius crassicostatus* (E. Fr.) Lias ε II₈ Ohmden. 330 cm lang. (Museum Hauff)

Abb. 26:
Stenopterygius quadriscissus
(Qu. em. E. Fr.)
Vorderflosse mit Haut eines
2,80 m langen Tieres
Lias ε II$_4$
Holzmaden. (Museum Hauff)

Abb. 27: *Leptopterygius acutirostris* (Phil.) Wirbel aus der Rumpfregion eines 16 m langen Tieres. Durchmesser 18 cm Holzmaden. (Museum Hauff)

Abb. 28:
Scleralring eines Ichthyosauriers.
Durchmesser 10,5 cm Lias ε III
Holzmaden. (Museum Hauff)

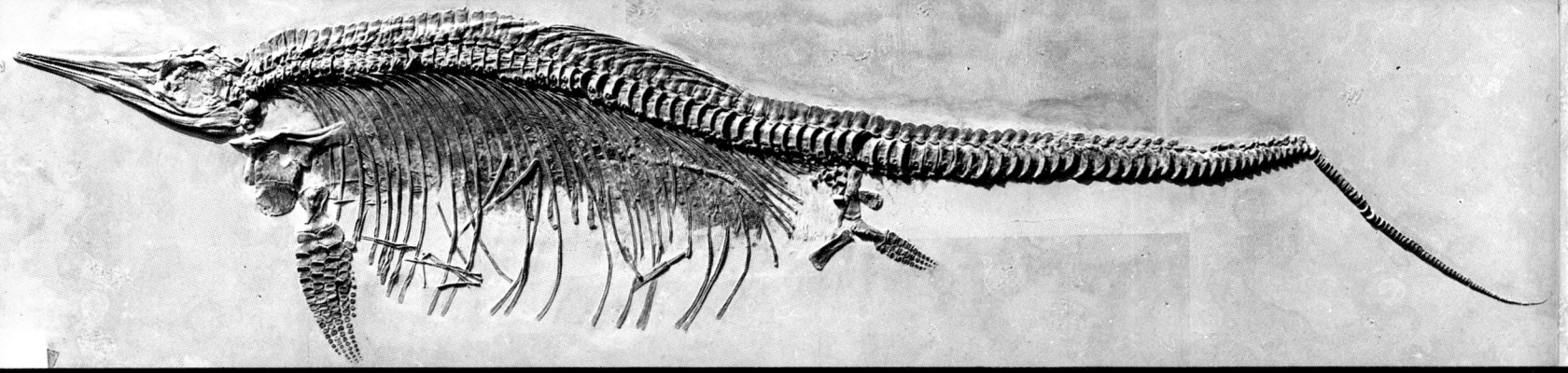

Abb. 29: Ichthyosaurier *Stenopterygius crassicostatus mut. antecedens* (v. Huene) Lias ε II$_{10}$ mit Embryo. 340 cm lang. (Kiel)

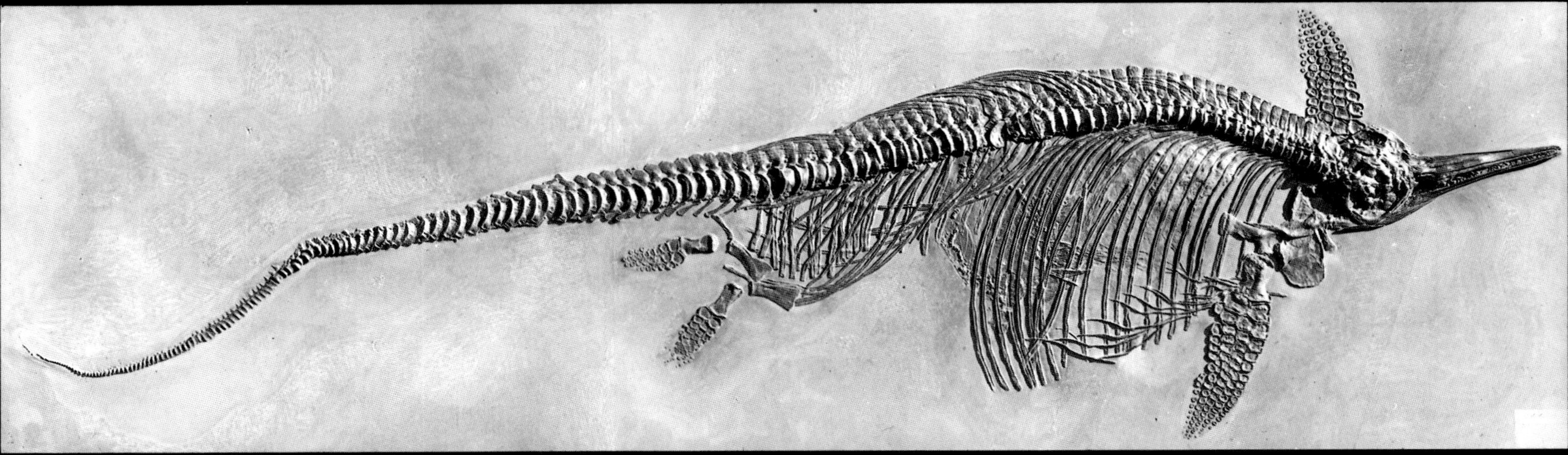

Abb. 30: Ichthyosaurier *Stenopterygius crassicostatus mut. antecedens* (v. Huene) Lias ε II$_6$ Holzmaden mit zwei Embryonen. 303 cm lang. (Tübingen)

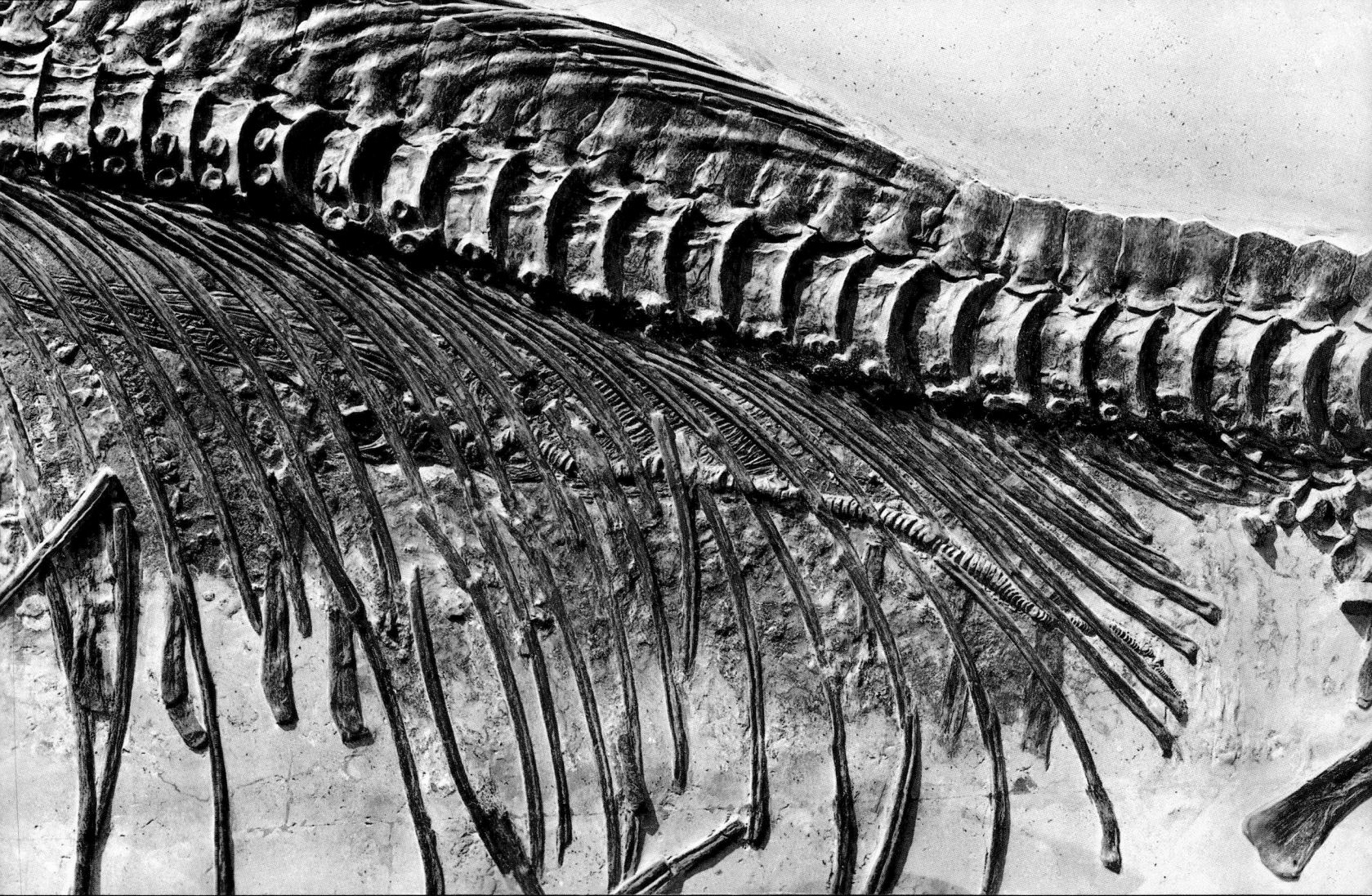

Abb. 31: Ausschnitt aus Abb. 29: Embryo, 70 cm lang, im Leib von Ichthyosaurus.

Abb. 32: Ausschnitt aus Abb. 30: zwei Embryonen, im Leib von Ichthyosaurus.

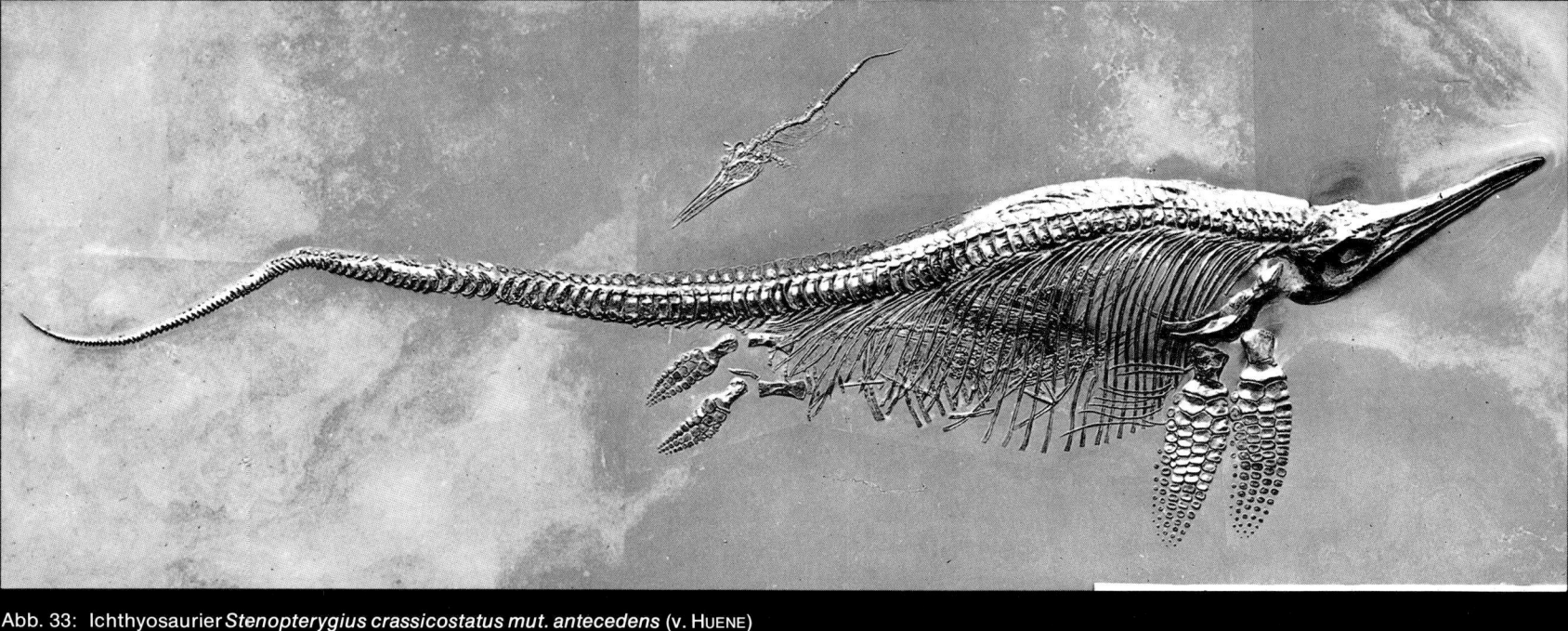

Abb. 33: Ichthyosaurier *Stenopterygius crassicostatus mut. antecedens* (v. HUENE) Lias ε II₉ Ohmden. 310 cm lang, mit einem bereits geborenen Jungen, 60 cm lang, und fünf Embryonen im Leib. Leichengeburt. (Museum Hauff)

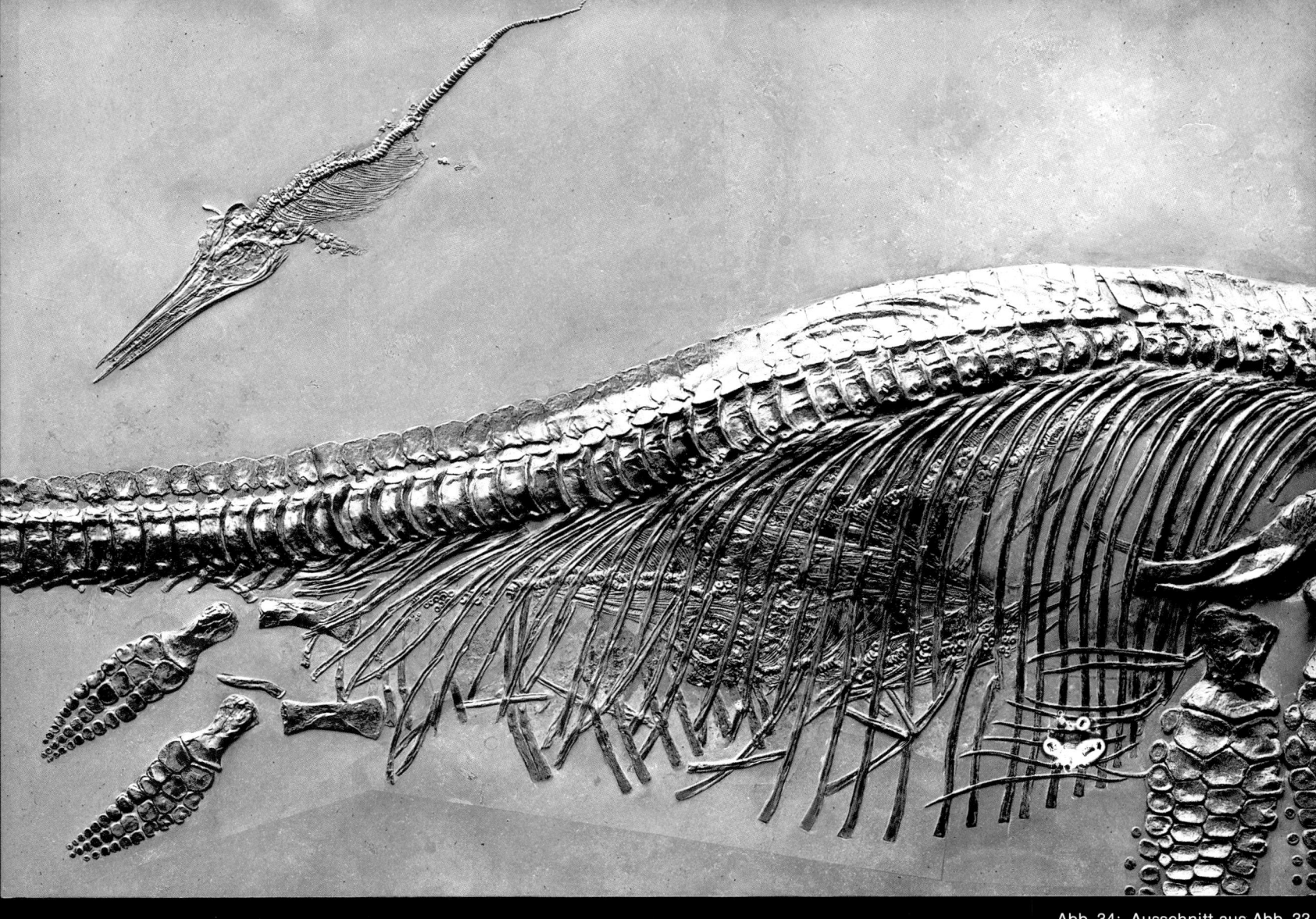

Abb. 34: Ausschnitt aus Abb. 33.

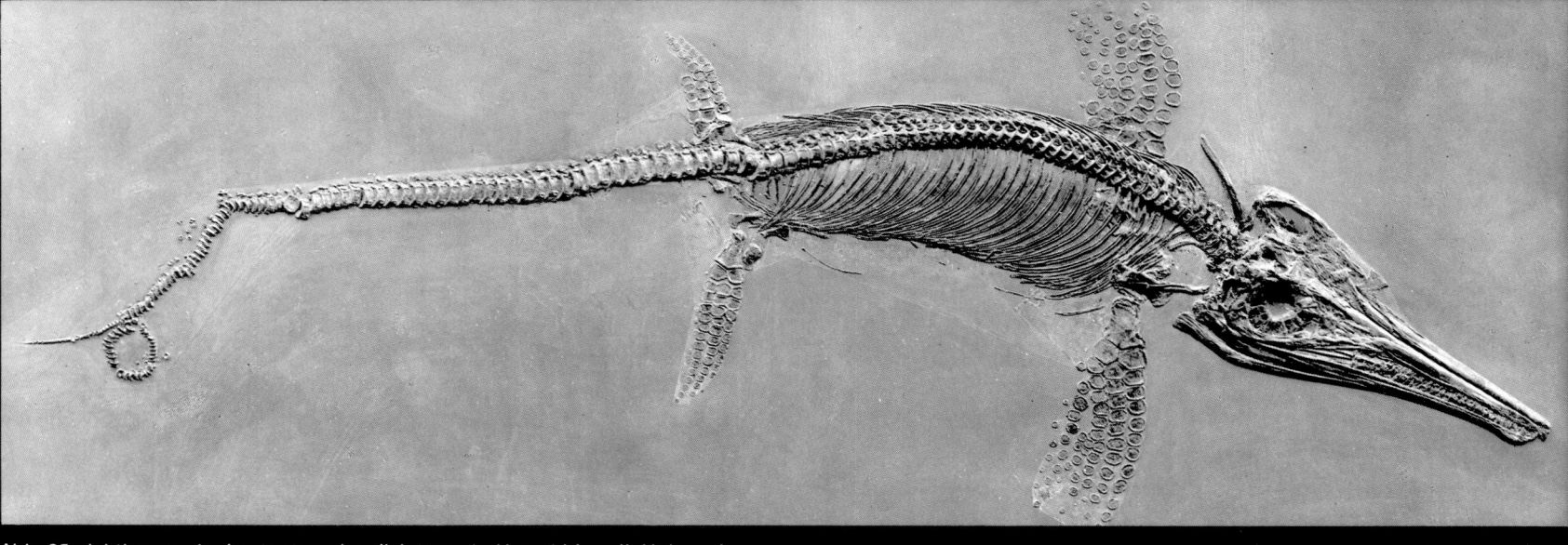

Abb. 35: Ichthyosaurier *Leptopterygius disinteger* (v. Huene) Lias ε II$_6$ Holzmaden.
430 cm lang. (Stuttgart)

Abb. 36: Ichthyosaurier *Leptopterygius integer* (Bronn) Lias ε II$^4/_5$ Holzmaden.

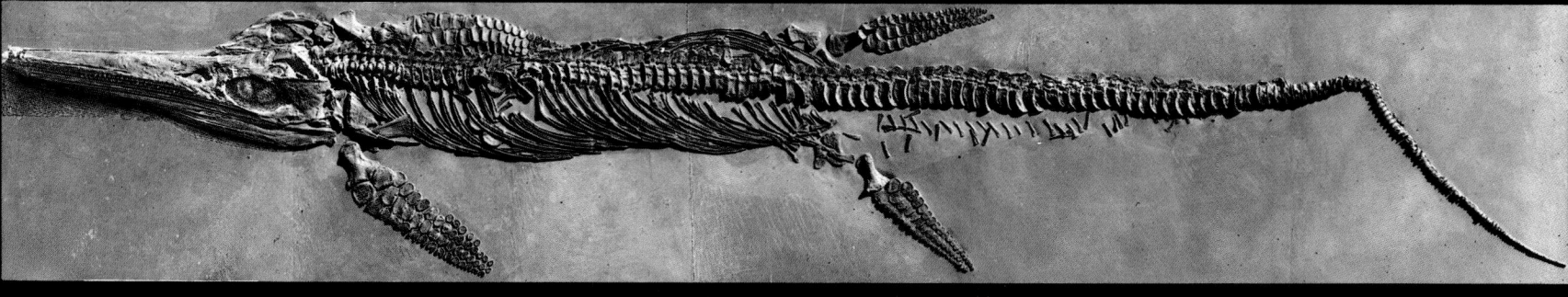

Abb. 37: Ichthyosaurier *Leptopterygius acutirostris* (Phillips) Lias ε II$_{11}$ Holzmaden. 770 cm lang. (Stuttgart)

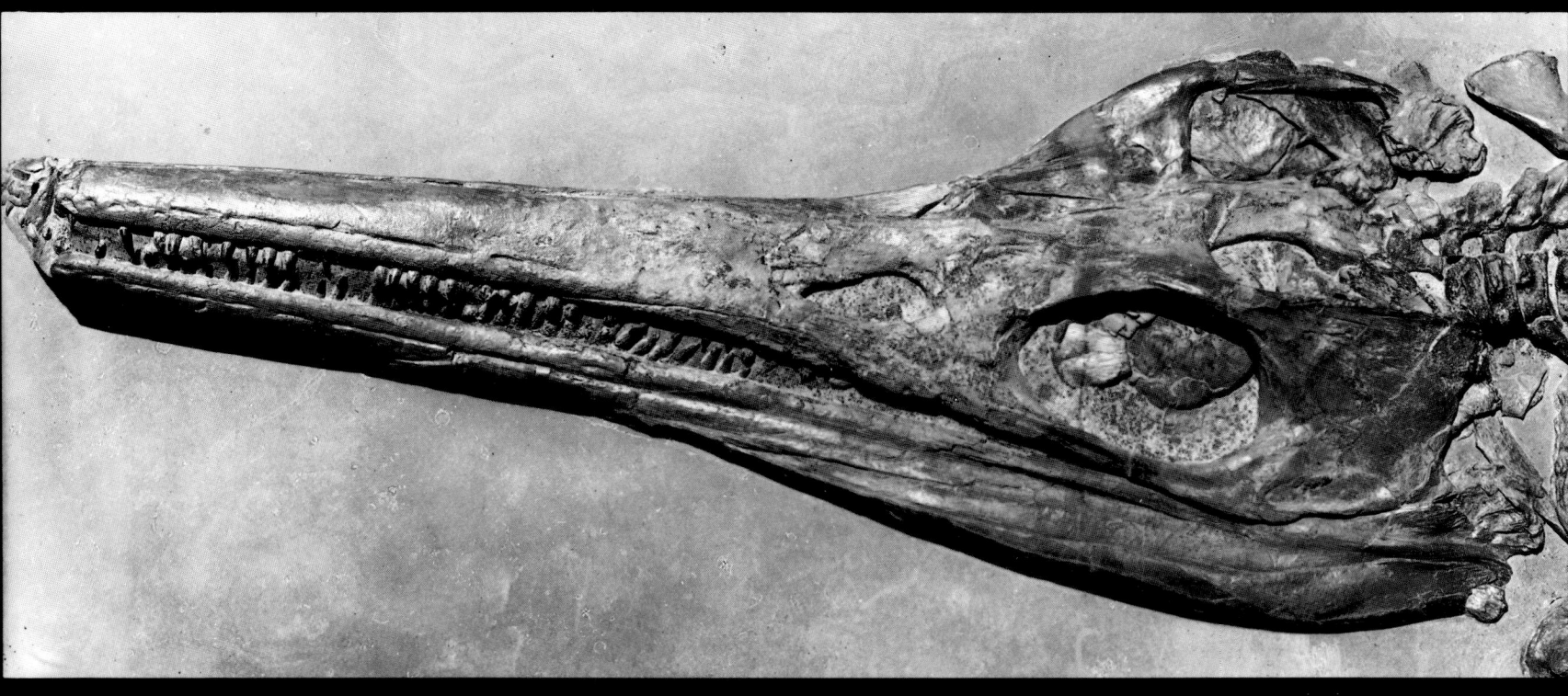

Abb. 38: Ausschnitt aus Abb. 37. Schädel.

Abb. 39: Ausschnitt aus Abb. 37. Rippen des linken Brustkorbs sind gebrochen

Abb. 40: Ichthyosaurier *Eurhinosaurus longirostris* (Jaeger) Lias ε $II^9/_{10}$ Ohmden. 590 cm lang. Während der Präparation. (Frankfurt)

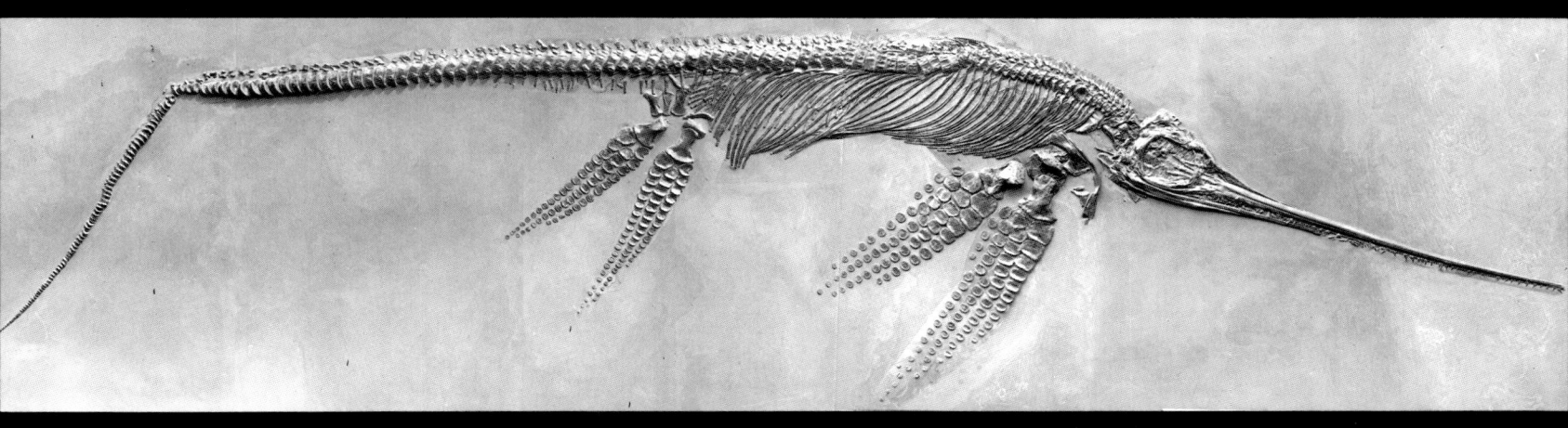

Abb. 41: oberes Exemplar fertig präpariert.

PLESIOSAURIER (Schlangenhalssaurier, Abb. 42–49)

Einen ganz anderen, ebenfalls sehr erfolgreichen Weg der Anpassung ans Wasserleben haben die Plesiosaurier eingeschlagen und auch bis in den Lias hinein vollendet (Abb. 43). Bereits ihre Ahnen, die Nothosaurier der Trias, hatten dieses Ziel weitgehend erreicht.

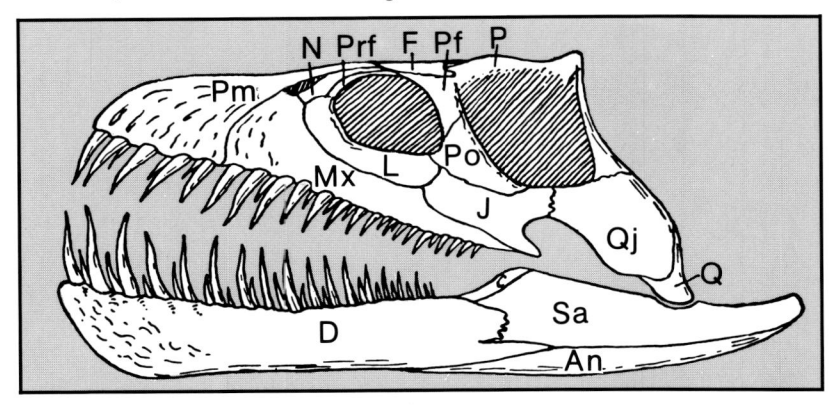

Abb. 42: Schädel von *Plesiosaurus*. An Angulare, C Complementare, D Dentale, F Frontale, J Jugale, L Lacrimale, Mx Maxillare, N Nasale, P Parietale, Pf Postfrontale, Pm Praemaxillare, Po Postorbitale, Prf Praefrontale, Q Quadratum, Qj Quadratojugale. (Augenöffnung und parapsides Schläfenfenster schraffiert).

Im Gegensatz zu der schlanken hochovalen Gestalt der Ichthyosaurier ist der Körper der Plesiosaurier wie ein breites Ruderboot. Der winzig kleine Kopf (Abb. 42) sitzt als Endpunkt an einem weit vorgestreckten, kräftigen, sehr beweglichen Hals. Die Extremitäten sind als sehr langgestreckte, in ihrem Skelett außerordentlich vielgliedrige Paddel entwickelt, die ihre Fortbewegungsfunktion behalten. Sie artikulieren an massigen Gürteln. Dem Schwanz, der etwa gleich lang ist wie der Hals, kommt lediglich Steuerfunktion zu. Hohe, breitflächige Dornfortsätze und klobige Apophysen charakterisieren die Wirbelsäule. Die Rippen sind mäßig lang und kräftig. Ein dichtes Geflecht von Bauchrippen verbindet die linke und rechte Seite des Rippenkorbes.

Unter den ganz wenigen Funden, nur zwölf in neunzig Jahren, lassen sich klar zwei Arten unterscheiden: *Plesiosaurus guilelmiimperatoris* (DAMES) bzw. *brachypterygius* (v. HUENE) (Abb. 44–48) und *Thaumatosaurus victor* (E. FRAAS) (Abb. 49). Die beiden Plesiosaurier sind gegenüber *Thaumatosaurus* viel feingliedriger und *Plesiosaurus brachypterygius* hat einen noch längeren Hals und ein winzigeres Köpfchen als *Plesiosaurus guilelmiimperatoris*. Von dem massigeren *Thaumatosaurus victor* mit kürzerem Hals und nicht ganz so kleinem Kopf kennen wir drei Funde, eines im Staatlichen Museum für Naturkunde in Stuttgart aufbewahrt, 3 m lang, in wundervoller Erhaltung, zugleich eine Meisterleistung der Präparation von BERNHARD HAUFF aus splitterhartem Kalkstein. Der andere ähnlich große *Thaumatosaurus* ist im Museum Hauff aufgestellt. Ein weiterer *Thaumatosaurus* konnte jetzt in mühseliger Sucharbeit aus dem Abraum eines Schieferbruchs geborgen werden. Das sehr gut erhaltene Exemplar des Museums Hauff zusammen mit einem ausgezeichneten *Plesiosaurus* ist hier den Ichthyosauriern direkt gegenüber aufgestellt und zeigt besonders eindrucksvoll die völlig verschiedenen Anpassungen dieser Saurier an das Leben im Meer.

Über die Nahrung und Fortpflanzung der Plesiosaurier wissen wir nichts. Die Plesiosaurier waren im heutigen Gebiet von Holzmaden nur seltene Gäste; ihr Lebensraum mag die hohe See gewesen sein.

Abb. 43: Plesiosaurier, Lebensbild.

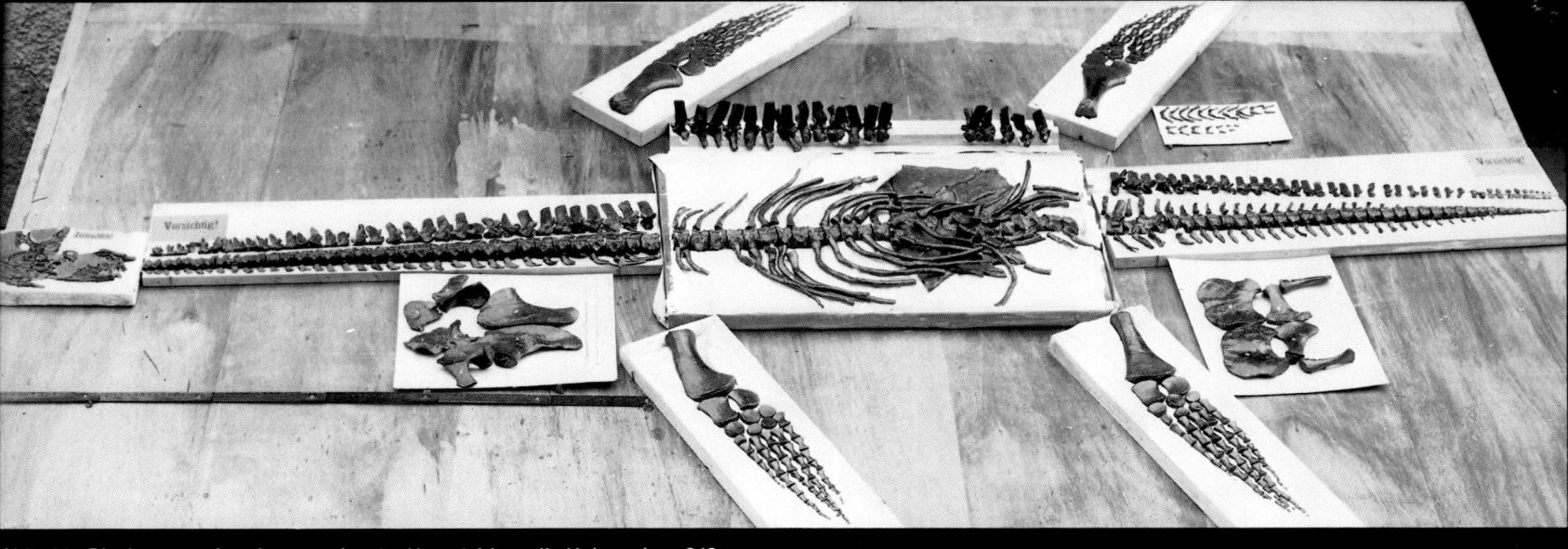

Abb. 44: *Plesiosaurus brachypterygius* (v. Huene) Lias ε II$_4$ Holzmaden. 249 cm lang, frei präpariertes vollständiges Skelett. (Stuttgart)

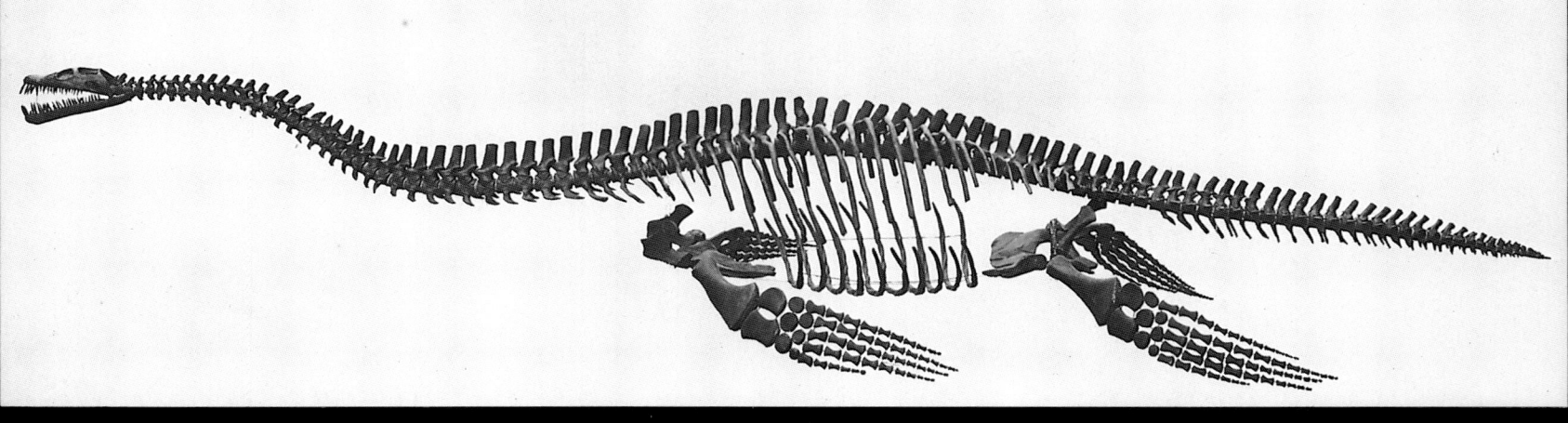

Abb. 45: Modell desselben Fundes. (Stuttgart)

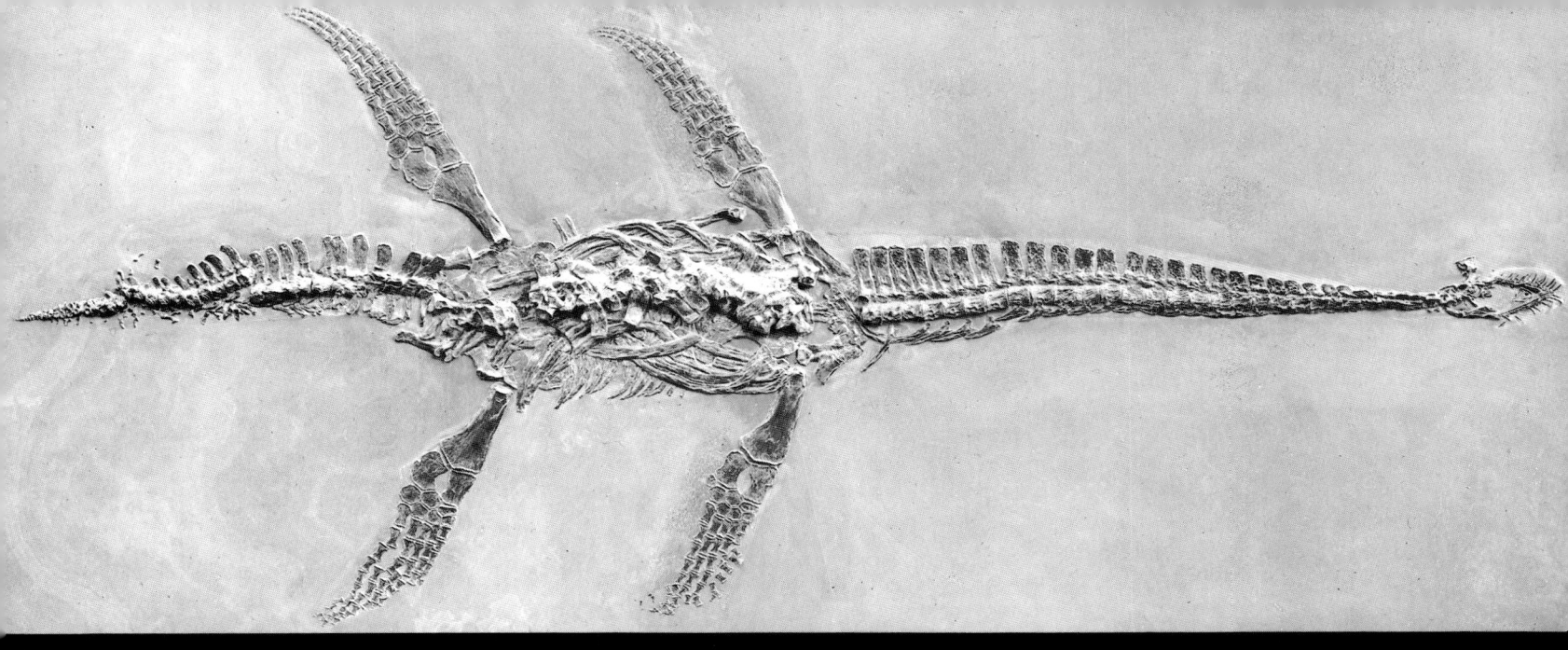

Plesiosaurus brachypterygius (v. Huene) Lias ε II₄ Ohmden. 294 cm lang.
Abb. 46: Gesamtbild.
Abb. 47: Schädel von oben.
Abb. 48: Schädel von der Gaumenseite.
(Tübingen)

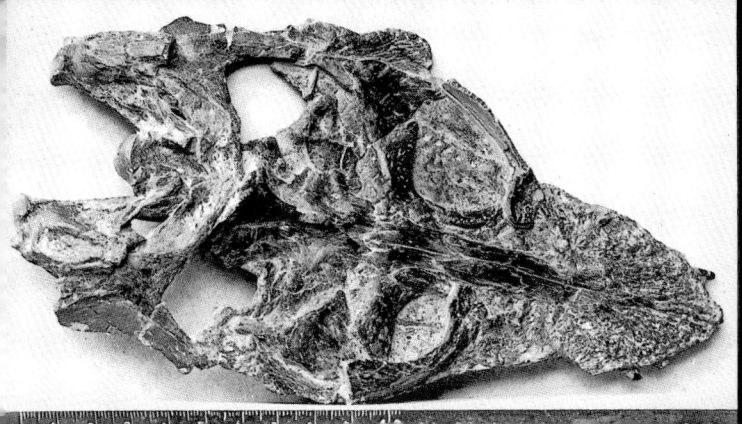

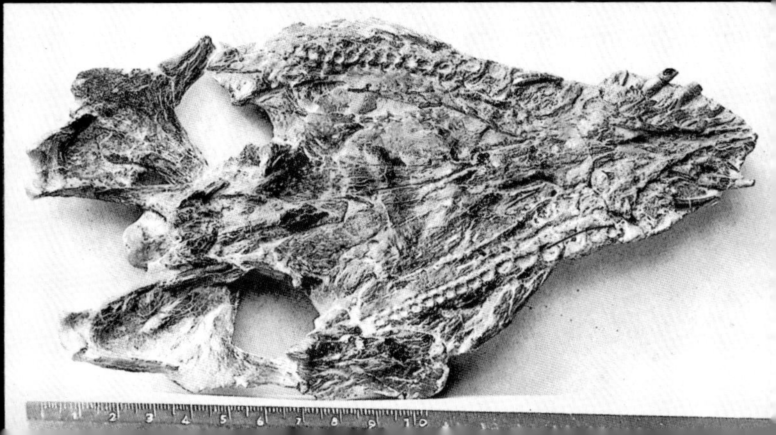

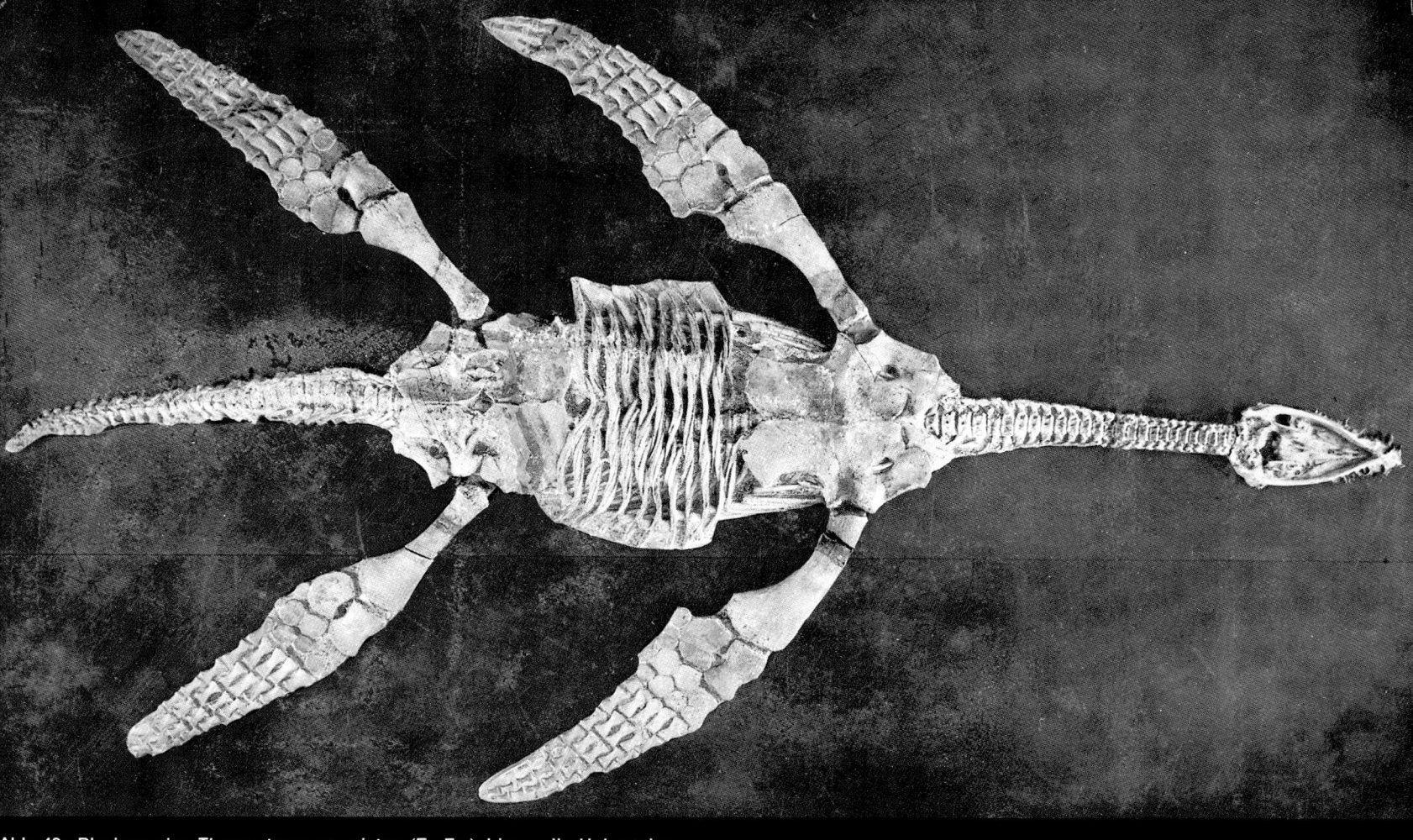

Abb. 49: Plesiosaurier *Thaumatosaurus victor* (E. Fr.) Lias ε II₅ Holzmaden.
334 cm lang. (Stuttgart)

Abb. 50: **SPHENODONTIER**

In den Jahren 1976/77 wurden erstmalig im Lias ε zwei Funde von Sphenodontiern gemacht. Der eine stammt von Scherzingen (Balingen), der andere (siehe Abb.) wurde durch Zufall im Abraum eines Schieferbruches bei Ohmden gefunden. Er konnte dem Lias ε II$_1$ zugeordnet werden. Beide Funde werden zur Zeit von CARROLL (McGill University Montreal Kanada) beschrieben. Neben den Krokodilen sind die Sphenodontier (Brückenechsen) die einzigen heute noch lebenden Vertreter der im Lias von Holzmaden vorkommenden diapsiden Reptilien.

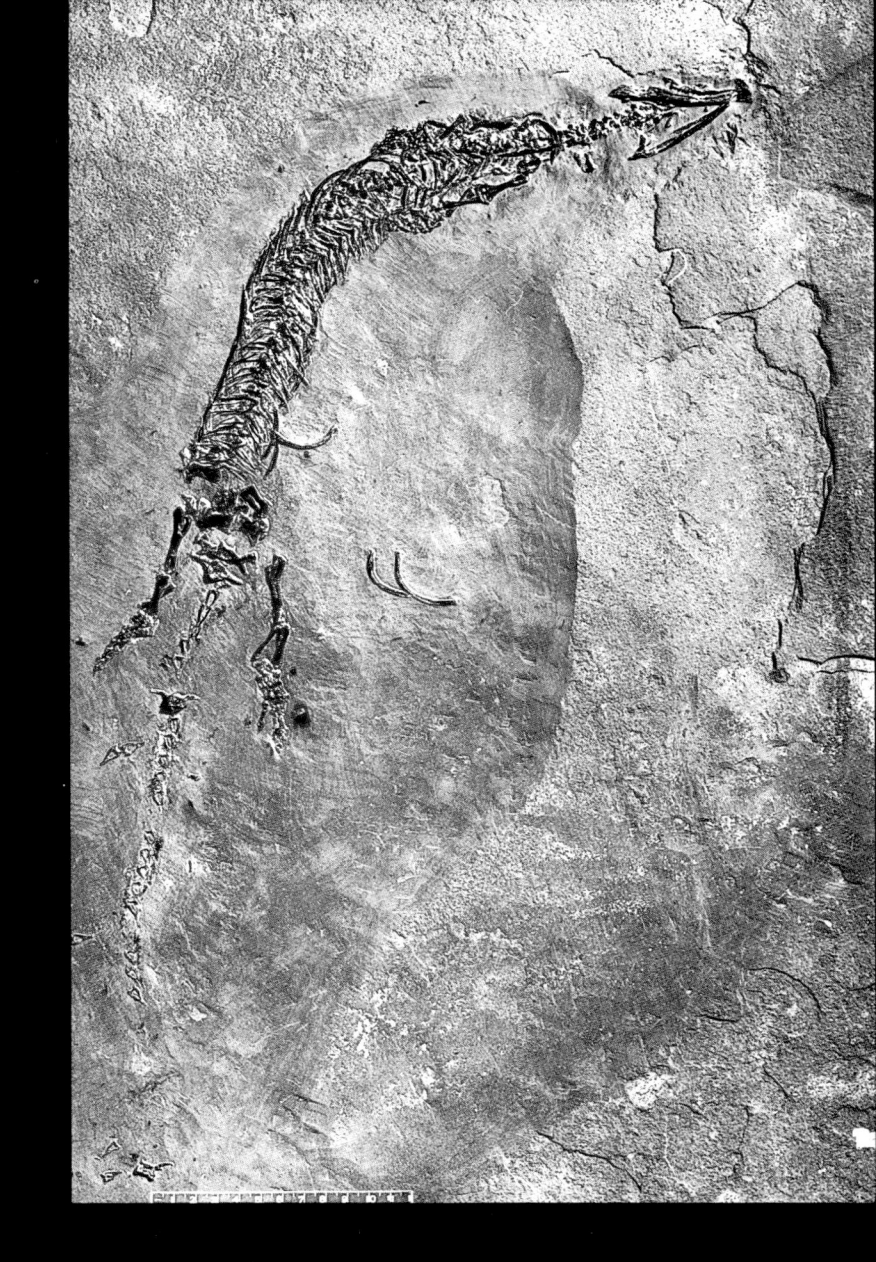

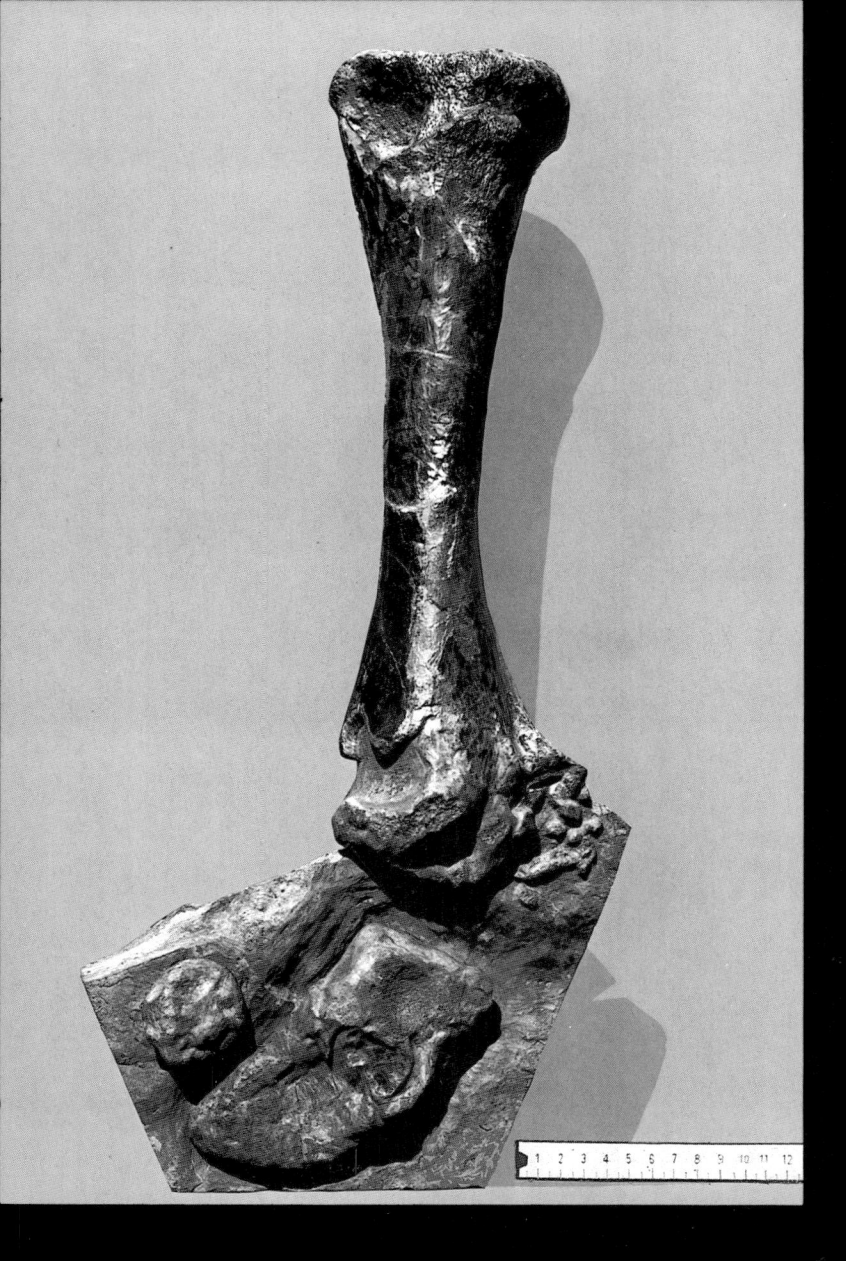

Abb. 51: **DINOSAURIER**

Als erster fossiler Rest eines Dinosauriers im Oberlias ist eine Tibia mit Astragulus (Schienbein mit Fußwurzel) von R. WILD 1978 erkannt und als *Ohmdenosaurus liasicus n. gen. n. sp.* beschrieben (siehe Abb.). Für die Posidonienschiefer als Meeresablagerung ist dieses Fossil eines Landtieres eine ganz außerordentliche Seltenheit. Die überaus kräftige Bauweise im Vergleich mit den Meeressauriern verrät das Landtier. *Ohmdenosaurus* ist nach WILD ein verhältnismäßig kleiner Dinosaurier, trotzdem von ansehnlicher Größe mehrerer Meter. Er nimmt entwicklungsgeschichtlich wohl eine Schlüsselstellung zwischen den Prosauropoden und den Sauropoden ein. Das Vorkommen als solches macht eine Flußmündung in nicht allzugroßer Entfernung vom Ort der endgültigen Einbettung wahrscheinlich und weist zugleich auf eine schwache Strömung vom Land her d. h. aus südostwärtiger Richtung hin, durch welche diese Fußknochen hierher transportiert worden sind.

KROKODILIER (Steneosaurus und Pelagosaurus Abb. 52–62)

Viel seltener als die Ichthyosaurier sind die krokodilähnlichen Reptilien im Lias ε. Sie haben den Charakter des Landreptils bewahrt, und wiewohl auch sie mehr im als am Wasser gelebt haben, so ist ihre Anpassung an das Wasserleben doch längst nicht so weit gediehen wie bei den Ichthyosauriern (Abb. 53).

Stammesgeschichtlich wurzeln die Steneosaurier bei den Pseudosuchiern, von welchen auch die Dinosaurier hergeleitet werden. Den heute lebenden Krokodilen, besonders den Gavialen, ähnelt die Gestalt in hohem Maß.

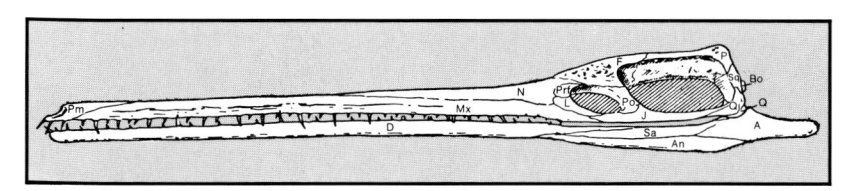

Abb. 52 Schädel von *Steneosaurus*. A Articulare, An Angulare, Bo Basioccipitale, D Dentale, F Frontale, J Jugale, L Lacrimale, Mx Maxillare, N Nasale, P Parietale, Pm Praemaxillare, Po Postorbitale, Prf Praefrontale, Q Quadratum, Qj Quadratojugale, Sa Supraangulare, Sq Squamosum.

Der bis zu 5 m lange Körper ist im Querschnitt mehr breit, als hoch. Die Schnauze ist stark verlängert und bei *Steneosaurus* an ihrer Spitze löffelartig verbreitert (Abb. 52). Große Schläfengruben halten das Schädeldach offen. Die Gelenkung des Unterkiefers ist nach hinten verlegt, wodurch der Rachen weit geöffnet werden kann. Die langen Kiefer sind mit einem kräftigen Fanggebiss aus vielen spitzen, etwas nach hinten gekrümmten Zähnen bewehrt. Die Mesosuchiern typischen bikonkaven Wirbel haben eine auffallend lange Form. Sieben Halswirbel verbinden den Kopf mit dem Rumpf. Die Luftröhre ist durch knöcherne Ringe verstärkt. Die Vorderextremitäten sind im Vergleich zu den hinteren sehr zierlich. Die hinteren Füsse haben nur 4 Zehen, zwischen denen Schwimmhäute gespannt sind. Der fein auslaufende Schwanz ist so lang wie der Körper von der Schnauzspitze bis zum Becken. Der Rücken ist bedeckt von einer Doppelreihe grubig verzierter und zum Teil gekielter Knochenplatten, die in der Querrichtung durch Naht verbunden, in der Längsrichtung gegeneinander verschiebbar sind, sodaß eine seitliche Krümmung des Körpers möglich ist. Gegen den Schwanz läuft die Rückenpanzerung in einer einfachen losen Plattenreihe aus. Die Bauchseite ist von der Brust bis zum Becken durch einen ovalen Panzer geschützt, der in jeder Querreihe sechs kleinere Platten enthält, verwachsen bzw. beweglich wie die Rückenschilder; dazu kommt eine Reihe gekielter Panzerplatten auf der Rumpfseite und im vorderen Schwanzteil und eine flache Panzerung auf der Unterseite des Schwanzes. Der ganze Körper ist zudem mit einer hornigen Oberhaut bedeckt.

Weitaus die Mehrzahl der Steneosaurier des Lias ε gehört wohl zu *Steneosaurus bollensis* (JAEGER), (Abb. 54–56 und 58–60) nachdem über ein Jahrhundert lang mit Namen wie Teleosaurus, Mystriosaurus, Geosaurus, Macrospondylus und mit noch mehr species-Bezeichnungen ein verwirrender Durcheinander geschaffen war (WESTPHAL 1962). In *Steneosaurus bollensis* ist nun allerdings eine beachtliche Breite einzelner Eigenheiten, besonders altersmäßig, also von der Größe her, zusammengefaßt. Eine Sonderstellung nimmt *Platysuchus multiscrobiculatus* (BERCKHEMER 1929) (Abb. 57) ein, der u. a. eine von *Steneosaurus* sehr verschiedene Panzerung trägt.

Der sehr seltene *Pelagosaurus* (Abb. 61, 62) unterscheidet sich von *Steneosaurus* durch einen insgesamt viel zarteren Körperbau. Die Augenöffnungen liegen bei *Steneosaurus* eng beisammen, mehr nach oben gerichtet, bei *Pelagosaurus* seitlicher. *Pelagosaurus* ist im Vergleich zu *Steneosaurus* also der gewandtere, wie der Name sagt, noch mehr im offenen Meer lebende Schwimmer. Von *Pelagosaurus* ist nur eine Art, *Pelagosaurus typus* (BRONN), bekannt.

Über die Nahrung der Steneosaurier wissen wir wenig. Vielleicht bestand sie wie bei den Ichthyosauriern und, nach dem Gebiss zu schliessen, auch aus Fischen und Tintenfischen. Zwischen den Rippen sind mehrfach Quarzgerölle festgestellt worden wie bei den heute lebenden Krokodilen. Es handelt sich dabei um Magensteine, die den Steneosauriern zur Verdauung rasch verschlungener Beute dienten.

Zur Eiablage haben die Steneosaurier die Küste des Meeres aufgesucht. Die jungen Tiere haben sich erst allmählich von ihrem Geburtsort ins offene Meer hinausgewagt, und nur äußerst selten finden wir bei Holzmaden ein kleines Skelett unter einem Meter Länge.

Abb. 53: Steneosaurus und Flugsaurier.

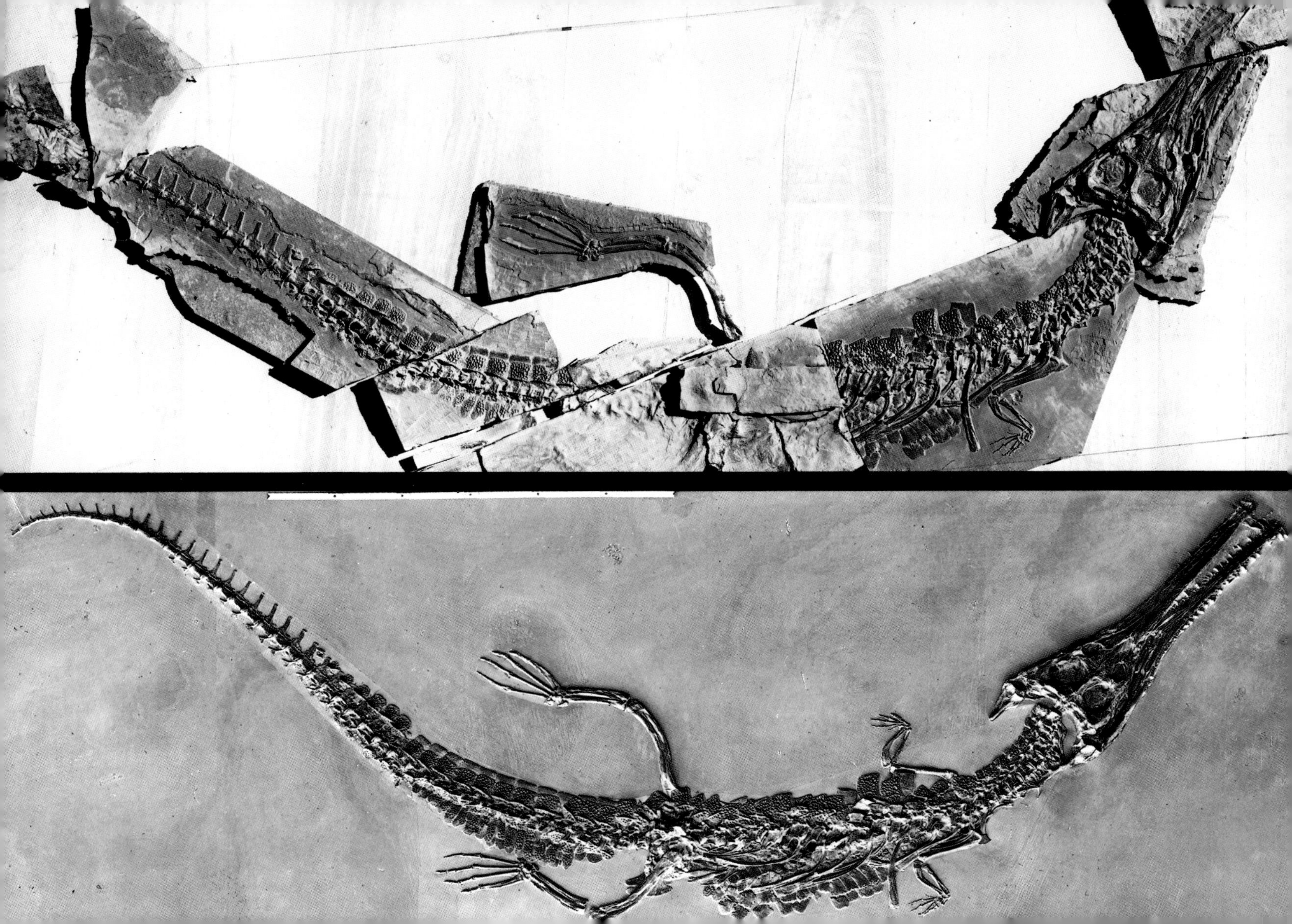

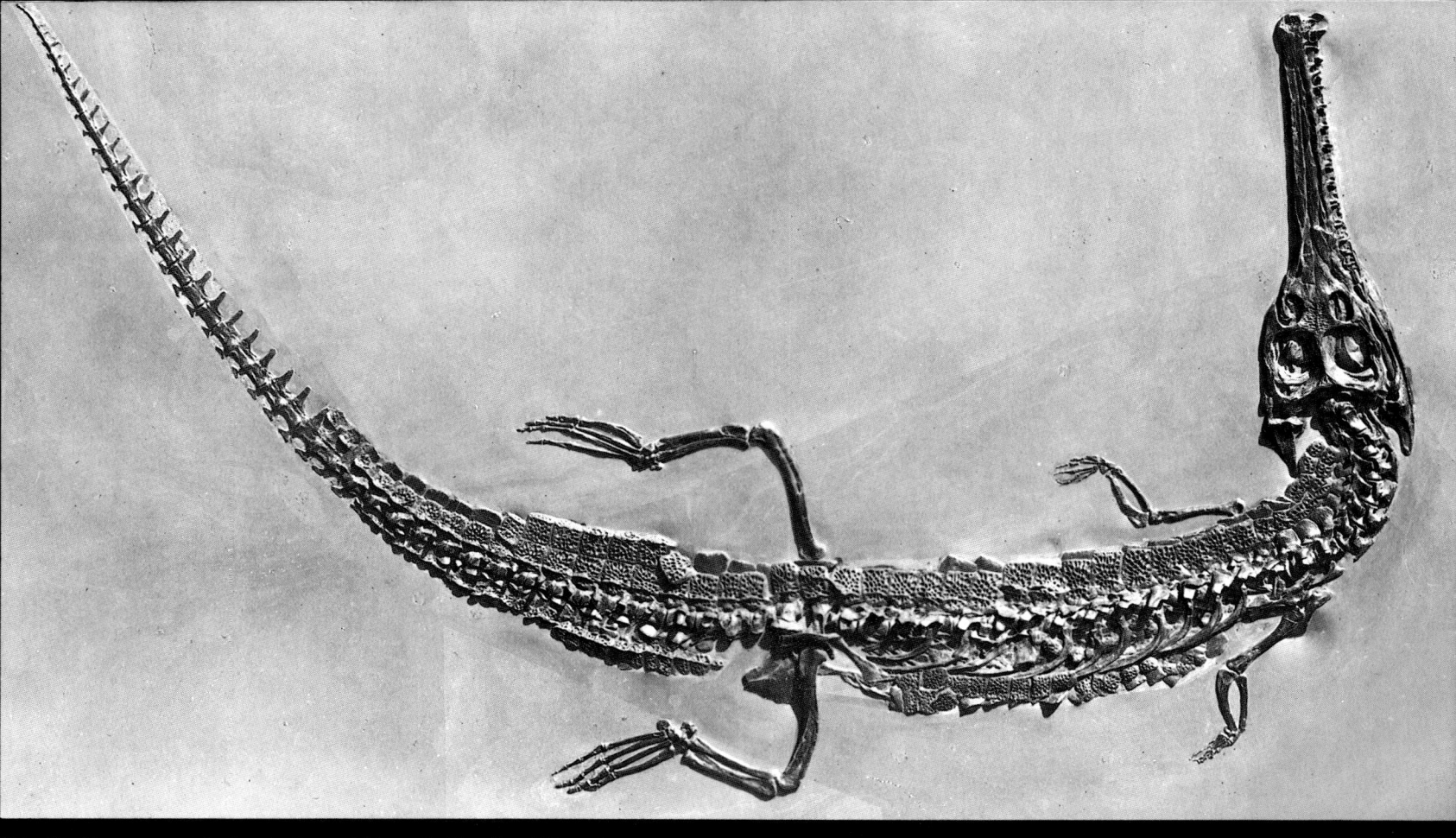

Abb. 56: *Steneosaurus boilensis* (Jaeger) Lias ε II$_4$ Ohmden. 275 cm lang.
(Winterthur)

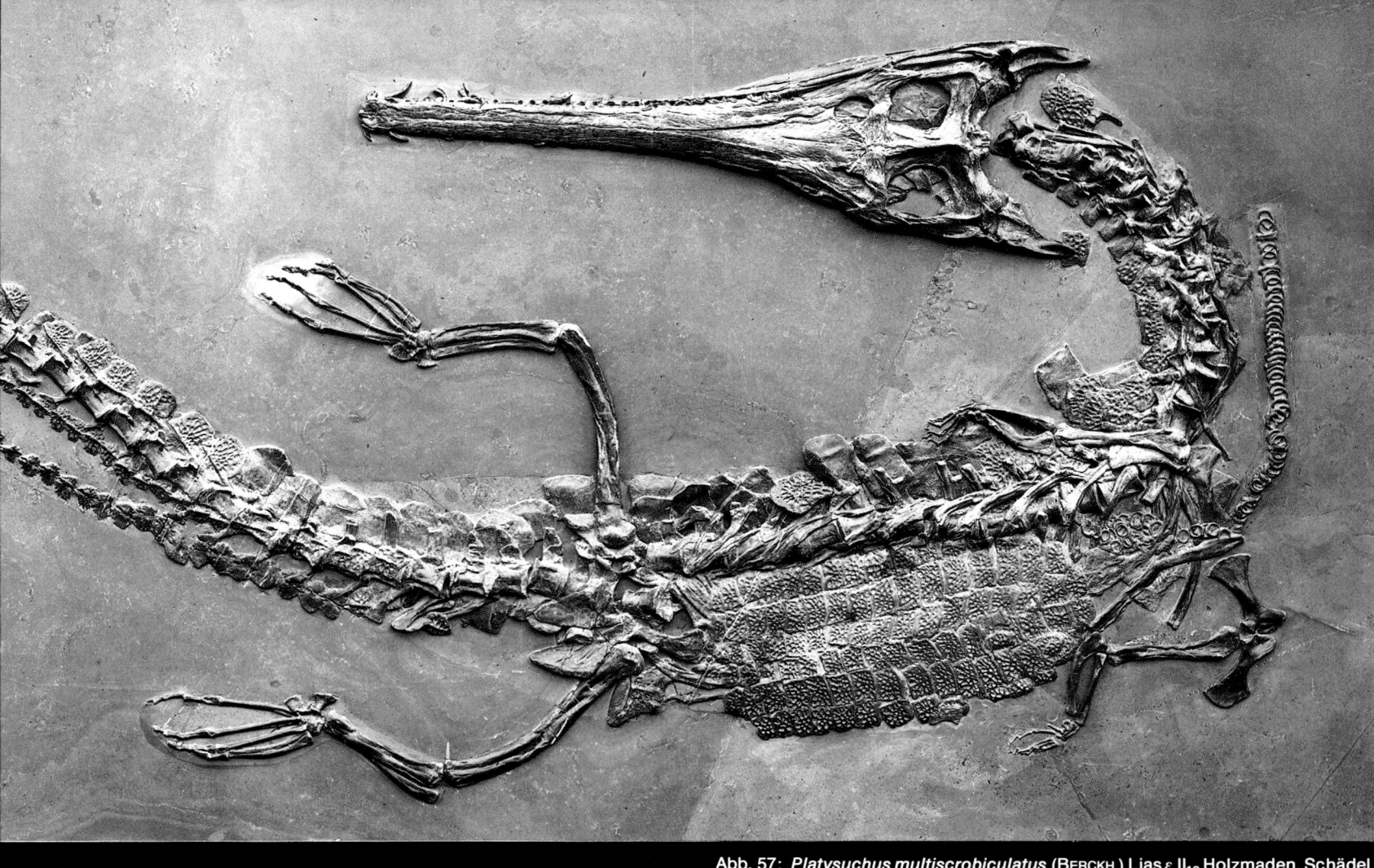

Abb. 57: *Platysuchus multiscrobiculatus* (BERCKH.) Lias ε II₁₀ Holzmaden. Schädel 95 cm lang, prächtig erhalten, ebenso die knöchernen Ringe der Luftröhre und besonders die Panzerung. (Leningrad)

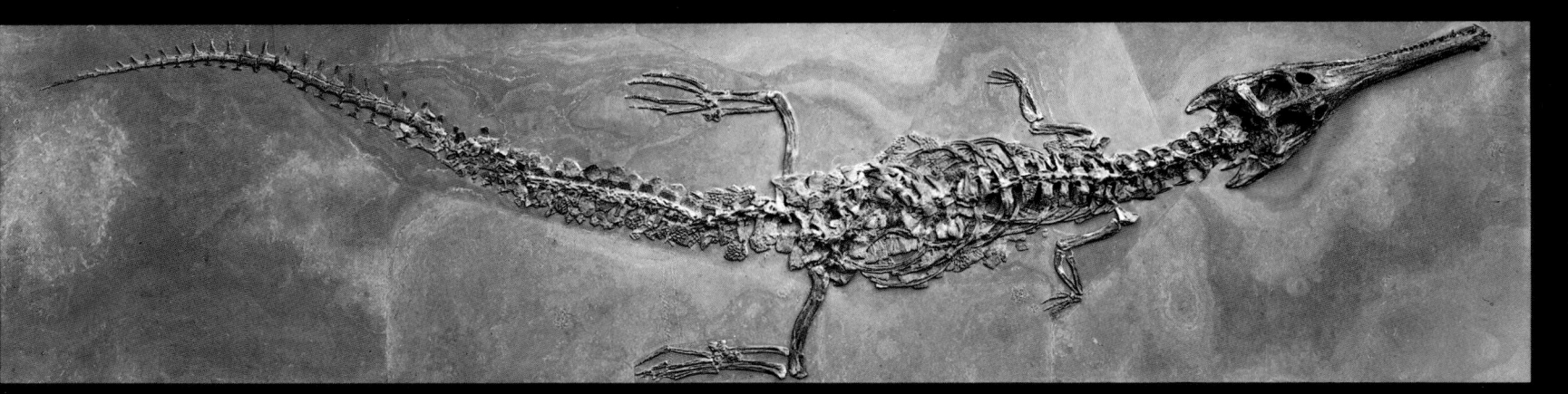

Abb. 58: *Steneosaurus bollensis* (Jaeger) Lias ε II$_6$ Holzmaden. 460 cm lang, größtes vollständiges Skelett. (Tübingen)

Abb. 59: *Steneosaurus bollensis* (Jaeger) Lias ε II$_6$ Holzmaden. 80 cm lang. Junge Steneosaurier sind im Raum von Holzmaden eine große Seltenheit. (Museum Hauff)

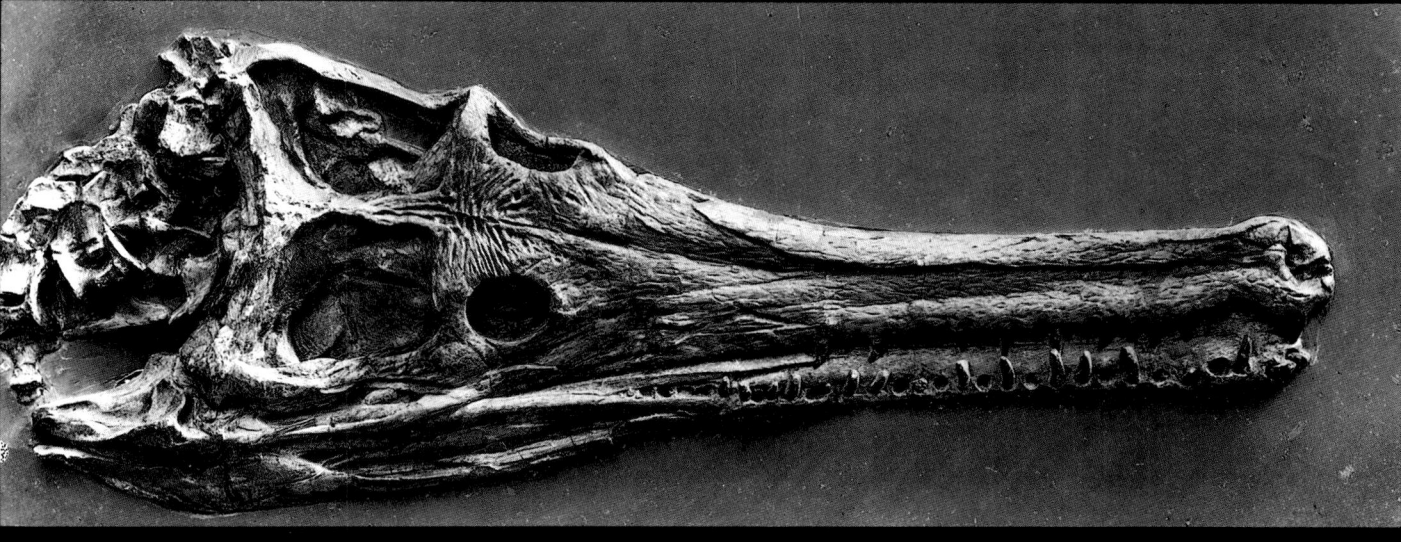

Abb. 60: *Steneosaurus bollensis* (Jaeger) Lias ε III Ohmden. Schädel, 80 cm lang in hervorragender Erhaltung. (Museum Hauff)

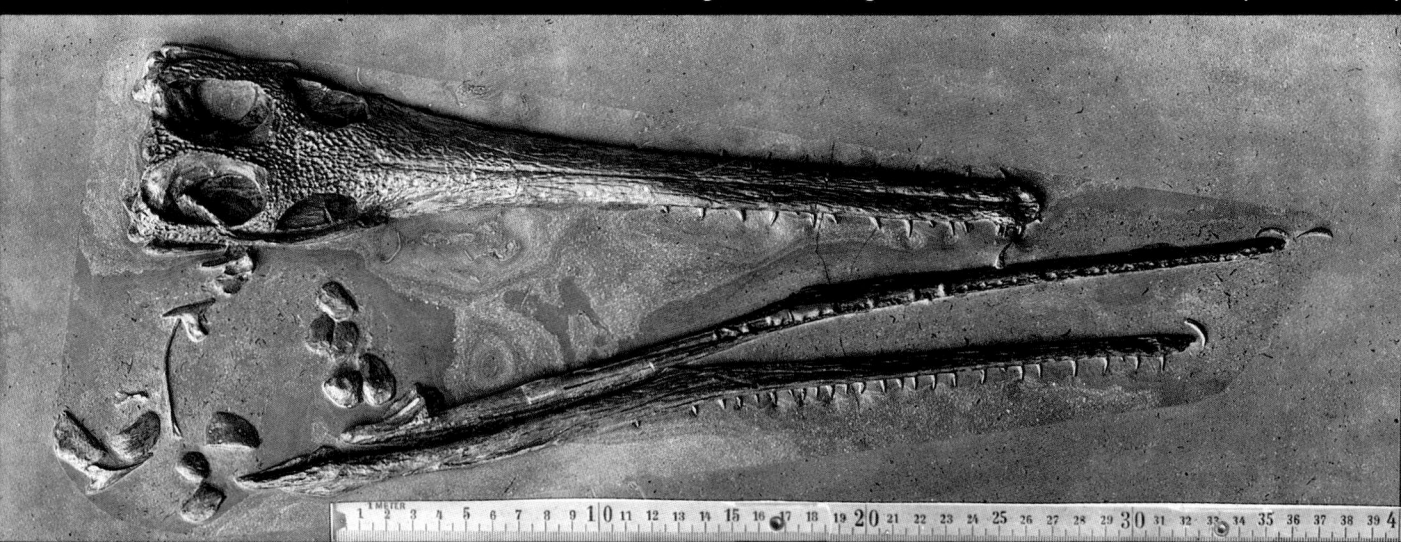

Abb. 61: *Pelagosaurus typus* (Bronn) Lias ε II$_6$ Holzmaden. Schädel, 34 cm lang,

Abb. 62: *Pelagosaurus typus* (BRONN) Lias ε II$_4$ Holzmaden. 160 cm lang.
(Budapest)

FLUGSAURIER (Abb. 63–65)

Die Funde von Flugsauriern in den Posidonienschiefern von Holzmaden waren die ersten fossilen Dokumente der höchst interessanten Versuche von Seiten der Reptilien die Luft zu erobern. Da es sich hier jedoch um Formen handelt, die in dieser Entwicklung bereits weit fortgeschritten sind, so war der Anfang in erheblich früherer Zeit und zwar, wie inzwischen bestätigt, im frühen Mesozoikum zu suchen. Ähnlich wie bei der Fledermaus hatten die Flugsaurier zwischen einem stark verlängerten Finger und dem Körper eine Flughaut gespannt. Das Skelett ist vogelartig leicht gebaut, ein großer Teil der Knochen ist hohl. Der Kopf ist verhältnismäßig groß, die leichten dünnen Schädelknochen spangenartig verbunden (Abb. 63). Die starken Kiefer tragen ein kräftiges Gebiß mit wenigen langen, nach hinten gebogenen Zähnen in Alveolen. Die Vorderextremität artikuliert an einem kräftigen Schultergürtel, der vierte Finger ist der verlängerte Flugfinger. Das Becken ist in seiner Form dem der Vögel konvergent, die hinteren Extremitäten sind zierlich mit krallenbewehrten Zehen. In der Schwanzregion sind die Wirbel durch lange, dünne, ineinander greifende Fortsätze gegeneinander versteift. Der lange auf diese Weise starre Schwanz mit einem vielleicht waagrechten Segel an seinem Ende dient als Steuerorgan.

Unter den insgesamt etwa 30 Funden in 90 Jahren lassen sich zwei Arten unterscheiden: *Dorygnathus banthensis* (THEODORI) (Abb. 64), der kräftiger gebaute und der zierlichere *Campylognathus liassicus* (QUENSTEDT) bzw. *zitteli* (F. PLIENINGER) (Abb. 65).

Bei *Campylognathus* ist die 1. Flugfingerphalange mehr als doppelt so lang als der Unterarm, bei *Dorygnathus* dagegen kürzer als der Unterarm.

Der Fund eines Flugsauriers geht immer wie ein Lauffeuer durch die Schieferbrüche, so groß ist ihre Seltenheit und so groß auch der stete Eifer der Steinbrecher, eine „Fledermaus" zu finden.

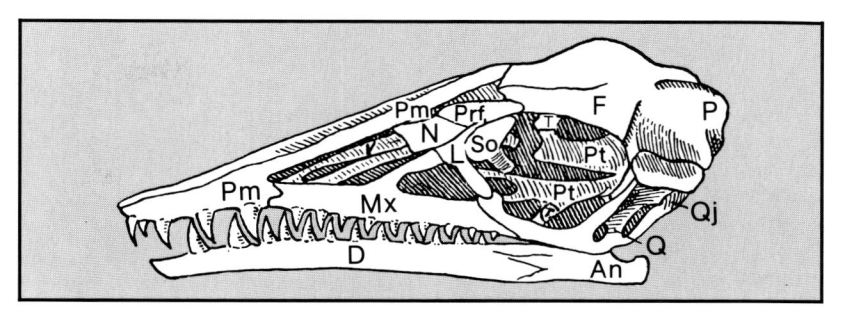

Abb. 63: Schädel von *Campylognathus zitteli* (PLIENINGER). An Angulare, D Dentale, F Frontale, J Jugale, L Lacrimale, Mx Maxillare, N Nasale, P Parietale, Pm Praemaxillare, Prf Praefrontale, Pt Pterygoid, Q Quadratum, Qj Quadratojugale, So Supraorbitale, T Transversum, V Vomer.

Abb. 64:
Dorygnathus banthensis
(THEOD.) Lias ε II₃ Holzmaden.
Spannweite der Flügel
110 cm.   (Uppsala)

Abb. 65:
Campylognathus zitteli
(PLIEN.) Lias ε II$_4$ Holzmaden
55 cm lang. Flügel-
spannweite 100 cm.
(Paris)

Fische

Für die Fauna einer Meeresablagerung sind die Fische naturgemäß von besonderer Bedeutung. In ihrer Entwicklungsgeschichte ist die Jurazeit eine wichtige Epoche. Umso wertvoller erscheint uns das mannigfaltige Vorkommen im Lias ε. Denn wir treffen hier auf Selachier mit *Hybodus* in vollständigen Exemplaren und mit Palaeospinax in Teilerhaltung, Holocephalen mit *Acanthorhina* und *Myriacanthus*, Coelacanthiden mit *Trachymetopon*, Sturiomorphen mit *Chondrosteus, Ohmdenia* und *Saurorhynchus*, auf sehr verschiedene Holostier wie *Ptycholepis, Lepidotes, Dapedium, Tetragonolepis, Pachycormus, Sauropsis, Hypsocormus, Caturus, Pholidophorus, Thrissops* und auf die ersten Teleostier mit *Leptolepis*.

Im Hinblick auf das Vorkommen und die Verteilung innerhalb der einzelnen Feinhorizonte halten sich auch die Fische streng an die Sedimentgrenzen. Mit ganz seltenen Ausnahmen (*Ohmdenia, Ptycholepis Dapedium* und *Pachycormus*) hören alle Fische an der Grenze Mittel/Ober-Epsilon auf, genau wie die Saurier. Die ganz großen Fische *Hybodus, Chondrosteus, Ohmdenia, Trachymetopon* sind allesamt größte Seltenheiten; ihr Lebensraum mag das offene Meer gewesen sein, sodaß sie auch schon zu Lebzeiten nur als seltene Gäste in unserem Raum anzutreffen waren. Für alle Fische gleich und allgemein wichtig ist das Fehlen junger Tiere und die Konstanz der Größe innerhalb der Sepzies, nur der häufigste, *Dapedium* macht darin eine Ausnahme; es steht dabei aber noch nicht fest, ob die wenigen kleinen Exemplare als Jugendformen oder nicht doch als eigene Spezies zu deuten sind.

Gute und vollständige Funde sind auch unter den Fischen nicht häufig, mehr oder weniger zerfallene Überreste bilden die Regel. Entsprechend der Festigkeit und Bindung der einzelnen Skelett- und Körperteile liegen schon bei vollständigen Funden einzelne Deckknochen des Schädels oftmals nicht mehr im Verband, noch häufiger ist der Schädel zerfallen oder es fehlen Kopf oder Schwanz oder beide überhaupt. Dann sind meist auch die Schuppen verlagert und bei weiterem Zerfall auch der Leib unvollständig. In ganz bestimmten Feinhorizonten Mittel-Epsilon II_{12} sind lokal die Schichtflächen übersät mit einem Grus von Fischschuppen und Flossenteilchen, ohne daß mehr oder weniger ganze Exemplare in diesen Schichten häufiger wären als in anderen des Lias ε.

SELACHIER (Haie Abb. 66, 67)

Hybodus (Abb. 66, 67): Das (Wieder-)Aufblühen der Haie in mesozoischer Zeit mag im Zusammenhang stehen mit der damals mannigfaltigen Entwicklung der Invertebraten, besonders der Mollusken und der Einwanderung der höher entwickelten Fische ins Meer. Beide dienten den verschiedenen haiartigen Räubern als willkommene Beute. So zeigt ein ganz kurioser Fund aus Lias ε von Holzmaden einen *Hybodus* mit etwa 200 gefressenen Belemniten im Magen und beweist sehr drastisch, daß auch diese Cephalopoden mitunter nicht verschmäht wurden. Im übrigen aber haben wir in *Hybodus* einen sehr gewandten Fischräuber vor uns. Die typisch knorpeligen Skelette sind in den Posidonienschiefern besonders im Schädel sehr stark gepreßt und schwer zu analysieren. Die Vielzahl der offenen Kiemenspalten mutet recht altertümlich an. Die beiden großen Rückensegel sind vorne mit kräftigen, festen Stacheln gesäumt. Eine mächtige heterozerke Schwanzflosse besorgt den schnellen Antrieb des stromlinienförmigen Körpers, der eine Länge von gut 3 m erreichen konnte. Sehr wichtig sind uns diese Lias ε-Funde wegen ihrer Vollständigkeit gegenüber den spärlichen Überresten, meist nur Zähnen, aus anderen Sedimenten. Die Erhaltung der Haut, sogar in ihrer dem heutigen Hai eigenen Oberflächenskulptur gibt uns die Möglichkeit einer genauen Rekonstruktion. Hybodusverwandte sind die Übergangsformen von den altertümlichen Elasmobranchiern zu den modernen notidaniden Haien. Die große Seltenheit im Raum von Holzmaden und das fast völlige Fehlen junger Tiere deuten wohl an, daß diese großen Fische im Raum von Holzmaden nicht ihre eigentliche Heimat hatten. Alle Funde bei Holzmaden sind bisher in der einen Spezies *Hybodus hauffianus* (E. Fraas) zusammengefaßt.

Palaeospinax: Von *Palaeospinax egertoni* (A. S. Woodward 1889), einer Gattung, die ebenfalls zu den Selachiern gezählt wird, sind aus Holzmaden 3 unvollständige Exemplare bekannt.

HOLOCEPHALEN (Seekatzen Abb. 68, 69)

Acanthorhina und *Myriacanthus* (Abb. 68, 69): Reste von Holocephalen, sind im Lias ε von Holzmaden allergrößte Seltenheiten. Von *Acanthorhina jaekeli* (E. Fraas) war viele Jahrzehnte nur ein einziges Exemplar bekannt und im Staatl. Museum für Naturkunde in Stuttgart aufbewahrt, bis 1948 ein zweiter Flossenstachel gefunden wurde. Von *Myriacanthus bollensis* (E. Fraas) ist überhaupt nur ein Flossenstachel überliefert; immerhin ist er damit hier nachgewiesen. Da das Skelett dieser kleinen, kaum $1/2$ m langen Tiere größtenteils aus Knorpel bestand, so war von vornherein höchstens für die Leichen, die bald eingebettet wurden, eine Erhaltung wahrscheinlich. Die Funde von *Acanthorhina* und *Myriacanthus* stammen aus Mittel-Epsilon II_3. Der Hauptunterschied von *Acanthorhina* gegenüber den übrigen Selachiern besteht in einem noch weniger gegliederten Schädelbau und dem besonders eigenartigen Rostrum, das in einem kräftigen Stachel endigt. Hier ist der Knorpel durch eingelagerten Kalk verfestigt. Das Gebiß bestand aus wenigen Zahnplatten.

Die große vordere Rückenflosse, dicht hinter dem Schädel ansetzend, wird von einem Flossenstachel getragen, der sich auf einen dreieckigen Flossenträger stützt.

Ein 4. Holocephalenfund stammt von 1970. Schädel, Teile des Axialskelettes und Rückenflossenstachel konnten herauspräpariert werden. Die systematische Einordnung zu den bisher bekannten *Acanthorhina jaekeli* und *Myriacanthus bollensis* ist nicht möglich. Die feingegliederten Seitenflächen und die mit Dornen besetzte Distalfläche des Stachels weisen auf *Metopacanthus*, die ringförmige Chordaverkalkung dagegen ist untypisch für *Metopacanthus* und *Myriacanthus*. REIF (1974) bezeichnete diesen Fund mit *Metopacanthus sp.*

COELACANTHIDEN (Abb. 70)

Trachymetopon liassicum (*Undina*) (ALDINGER) (Abb. 70), ein gewaltiger Crossopterygier von etwa 1,8 m Länge aus Mittel-Epsilon II$_6$, ist ein höchst bedeutsamer Fund. Nur ein Schädelstück aus den Posidonienschiefern von Balingen ist außerdem bis jetzt gefunden. Wichtig sind diese Coelacanthiden, weil unter ihnen die Ahnen der Amphibien zu suchen sind, und außerdem, weil mit der Latimeria in den Gewässern des Indischen Ozeans ein heute noch lebender unserem *Trachymetopon* nahe verwandter Fisch entdeckt worden ist, sodaß wir nun Coelacanthiden seit dem Devon über Trias, Jura und Kreidezeit bis in die Gegenwart kennen. Unser Fund, der in der Tübinger Universitätssammlung aufbewahrt wird, ist beinahe vollständig. *Trachymetopon* als Crossopterygier zeichnet sich durch einen außerordentlich massigen, wohlverknöcherten Schädel mit rauher Oberflächenskulptur aus. Durch die starke Verdrückung in dem schiefrigen Sediment ist die anatomische Analyse eine schwierige Aufgabe. Die Körperachse war knorpelig. Kräftig und besonders charakteristisch ist das Skelett der paarigen und unpaaren Flossen. Die Brust- und Bauchflossen mit knorpeligen Flossenträgern sind kurz und sehr breit. Die Crossopterygier besitzen zwei Rückenflossen, die hintere ist an unserem Fund leider nicht überliefert, ebenso fehlt das charakteristische Pinselstück an der Schwanzflosse. Nichts ist von einer Beschuppung vorhanden, sodaß wir mit Sicherheit annehmen dürfen, daß dieser Riesenfisch nackthäutig war.

STURIOMORPHEN (Störartige Abb. 71–76)

Diese unseren heutigen Stören verwandten Fische (besonders *Chondrosteus*) besitzen wie die haiartigen Formen ein weitgehend knorpeliges Skelett, was jedoch aller Wahrscheinlichkeit nach mehr eine degenerative als eine primitive Erscheinung sein dürfte. Die drei oben genannten Familien sind sehr verschieden.

Chondrosteus (Abb. 71, 72) ist im Lias ε durch zwei ausgezeichnet erhaltene etwa 3 m lange Skelette bestätigt. Wie für die Hybodusfunde, so ist auch für *Chondrosteus* diese Vollständigkeit einmalig und von großer Bedeutung. Das Schädeldach wird von einer Vielzahl kleiner Deckknochen gebildet. Das Achsenskelett ist weitgehend knorpelig. Kurze, aber dafür umso breitflächigere Brust- und Bauchflossen sind entwickelt. Die hohe Rücken- und die Afterflosse liegen weit zurück. Die heterozerke Schwanzflosse ist durch außerordentlich kräftige Fulcren versteift. *Chondrosteus* weist wohl auch in seiner Lebensweise große Ähnlichkeit mit dem heute lebenden Stör auf.

Bei *Ohmdenia multidentata* (HAUFF) (Abb. 73, 74) verraten schon die langgestreckten, ungemein reich bezahnten Kiefer den Raubfisch. Der schlanke Körper wird von einem sehr wahrscheinlich knorpeligen Achsenskelett gestützt. Kräftige Brustflossen und eine mächtige gleichlappige Schwanzflosse verleihen diesem Riesenfisch von über 2 m Länge Gewandtheit und Schnelligkeit. Nur ein einziger, leider unvollständiger Fund aus Ober-Epsilon (III) liegt bis jetzt vor.

Der Einmaligkeit der Funde nach zu schließen, waren alle diese Großfische höchst seltene Gäste im Holzmadener Bereich; vielleicht sind sie hier auch nur eingebettet. *Hybodus, Trachymetopon, Chondrosteus* und *Ohmdenia* sind mit einer Länge von mehr als 2 bis über 3 m gewaltige Vertreter der Fische in den Posidonienschiefern.

Unser *Saurorhynchus* früher *Acidorhynchus* (*Belonorhynchus*) (Abb. 75, 76) dagegen ist umso zarter und zierlicher. Während seine Vorfahren (*Saurichthys*) in der Trias Spitzbergens etwa 1 m groß waren, erreicht *Saurorhynchus* jetzt kaum noch die halbe Länge. Es sind so weitgehend spezialisierte Formen, daß sie mit ihrem langen, spitzen Rostrum und beinahe aalförmigen Leib sich kraß von allen andern Fischen unterscheiden. Ober- und Unterkiefer sind gleich lang. Die wohlverknöcherten Deckknochen des Schädels sind weitgehend verwachsen. Das Achsenskelett ist außerordentlich zart mit durchgehender Chorda. Brust- und Bauchflossen sind fast verkümmert. Die Rücken- und Afterflosse liegen weit zurück und bilden mit dem äußerlich symmetrischen Schwanz eine motorische Einheit zu schlängelnder Fortbewegung. Schuppen fehlen wie auch bei *Chondrosteus* und *Ohmdenia*. In der Regel finden wir nur den Schädel von *Saurorhynchus*, während der äußerst zarte Leib vor der Einbettung durch den relativ großen Gewichtsunterschied des spezifisch schwereren Kopfes sich von diesem nur allzu leicht los- und aufgelöst hat. Nur 2 vollständige Exemplare sind bekannt. Alle Funde mit einer Ausnahme gehören zu *Saurorhynchus brevirostris* (A. S. WOODWARD).

Abb. 66: *Hybodus hauffianus* (E. Fr.) Lias ε II$_2$ Ohmden. 260 cm lang. (Stuttgart)

Abb. 67: *Hybodus hauffianus* (E. Fr.) Lias ε II$_6$ Holzmaden. Flossenstachel, 32 cm lang. (Museum Hauff)

Abb. 68: *Acanthorhina jaekeli* (E. Fr.) Lias ε II$_3$ Holzmaden. 56 cm lang.
(Stuttgart)

Abb. 69: *Myriacanthus bollensis* (E. Fr.) Lias ε II$_3$ Holzmaden. Flossenstachel, 33 cm lang.
(Stuttgart)

Abb. 70: *Trachymetopon liassicum* (Ald.) *(Undina)* Lias ε II$_6$ Ohmden. 170 cm lang.
(Tübingen)

Abb. 71: *Chondrosteus hindenburgi* (Hennig) Lias ε II₇ Holzmaden. 315 cm lang, von unten. (Stuttgart)

Abb. 72: *Chondrosteus hindenburgi* (HENNIG) Lias ε II$_6$ Holzmaden. 290 cm lang, Schädeldach etwas verlagert.
(Tübingen)

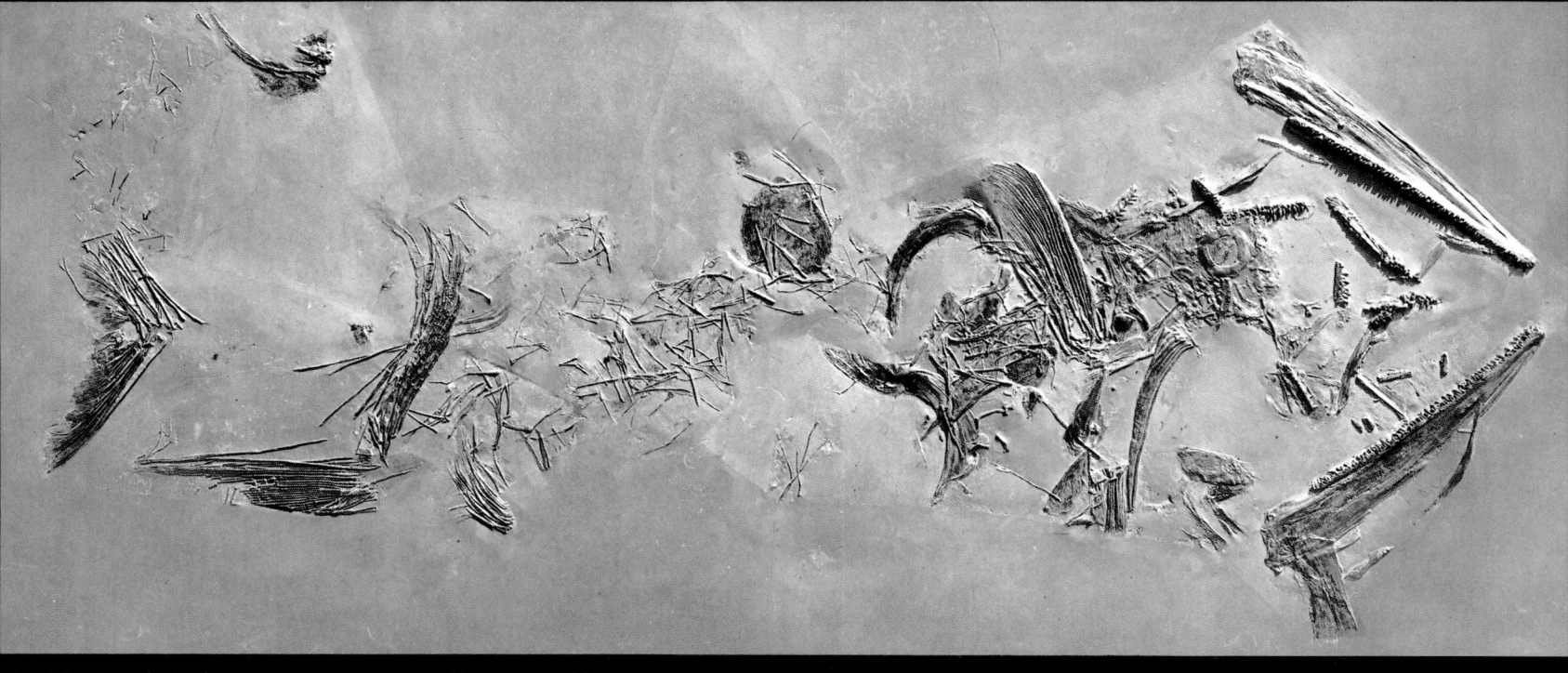

Abb. 73: *Ohmdenia multidentata* (HAUFF) Lias ε III Ohmden. 235 cm lang.
(Tübingen)

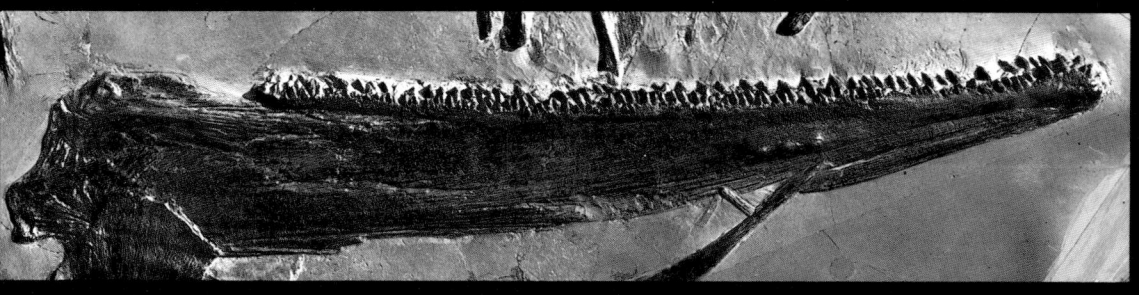

Abb. 74: Unterkiefer, Länge 57 cm. (Tübingen)

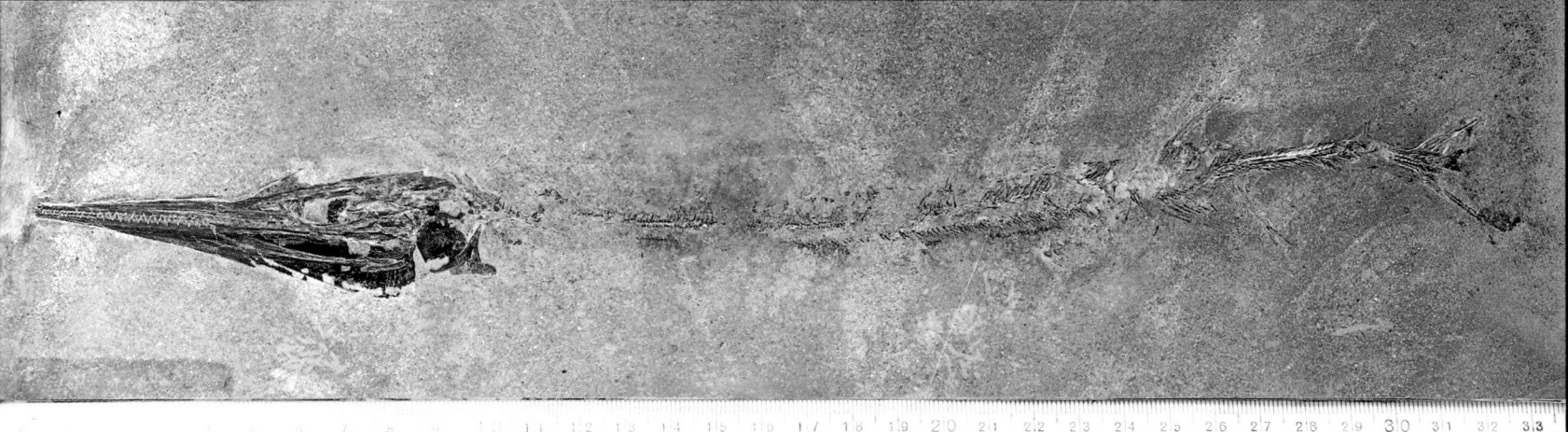

Abb. 75: *Saurorhynchus brevirostris* (A. S. Woodward) Lias ε II₈ Holzmaden. 33 cm lang, vollständ. Fund. (Museum Hauff)

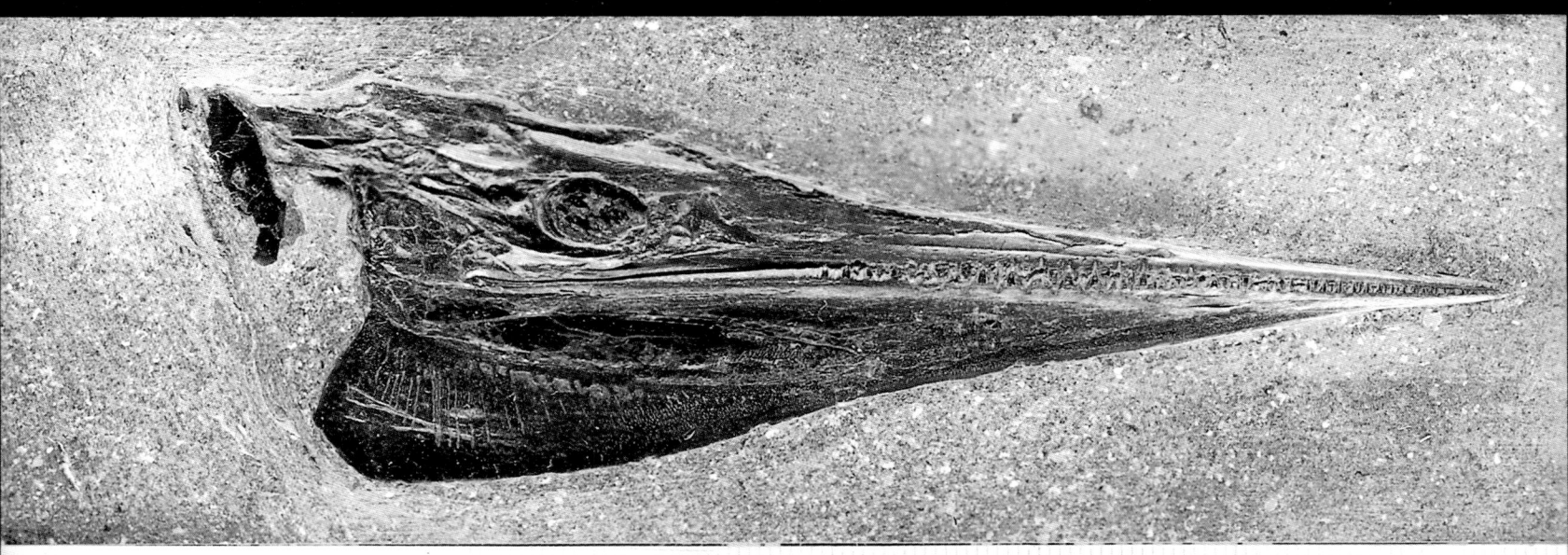

Abb. 76: *Saurorhynchus brevirostris* (A. S. Woodward) Lias ε II₃ Holzmaden. Schä-

HOLOSTIER (Abb. 77–104)

Ptycholepis (Abb. 77, 78): Nahe verwandt mit den palaeozoischen Palaeonisciden, aber weitgehend spezialisiert ist *Ptycholepis,* ein schlanker Fisch, der ausgewachsen etwa 30 cm Länge erreicht. Die länglichen Deckknochen des Schädels tragen eine ausgeprägte Oberflächenskulptur. Die Bezahnung ist so gut wie vollständig zurückgebildet, die Kiefer sind jedoch kräftig entwickelt. Die paarigen und unpaaren Flossen sind verhältnismäßig groß, die äußerlich fast symmetrische heterozerke Schwanzflosse ist tiefgegabelt. Ganz eigenwillig entwickelt ist das Schuppenkleid; die einzelnen Schuppen haben eine langgestreckte rhombische Form, eine dicke gegen die Überdeckungszone mehrfach gefurchte Ganoinschicht, der hintere Rand ist ausgezackt.

Lepidotes und *Dapedium* sind typische Jurafische, ebenfalls den Palaeonisciden entstammend.

Lepidotes (Abb. 79–82), in Gestalt und Lebensweise unseren Karpfen zu vergleichen, ist plump, zu seinem Schutz mit einem Panzer von dicken Ganoinschuppen bewehrt. Das Auge umschließt ein vielgliedriger Scleralring. Die Deckknochen des Schädels sind massig. Die zahlreichen Zähne sind kurz und an der Krone abgerundet. Im Schultergürtel fehlt die Clavicula. Der heterozerke Schwanz ist abgestumpft. Der größte vollständige Fund aus Lias ε mißt fast 1 m. Ein Bruchstück mit Schuppen zeugt von einem noch wesentlich größeren Tier. Die allermeisten Funde sind etwa 60–70 cm groß. Junge Tiere sind äußerst selten, wobei noch nicht geklärt ist, ob es sich hier um dieselbe Species *Lepidotes elvensis* (BLAINV.) der ausgewachsenen Funde handelt. Wie die Bilder zeigen, ist eine beträchtliche Variationsbreite zu beobachten, welcher der Rahmen einer Species fast zu eng ist. Das ganze Vorkommen von *Lepidotes* ist auf den sehr kurzen Zeitraum um den unteren Stinkkalk-Horizont Mittel-Epsilon II_5 beschränkt. Die oben angedeutete karpfenähnliche Lebensweise steht vielleicht doch in gewissem Widerspruch zu den Lebensmöglichkeiten im Lias ε-Meer. Vielleicht aber herrschten während der Ablagerungszeit von II_5 besondere für *Lepidotes* gerade günstige Bedingungen. Dann würde hier nachweisbar der Lebensraum mit dem Ort der Einbettung zusammenfallen. Die Präparation der Lepidotesfunde aus dem splitterharten Stinkkalk II_5 ist eine besonders schwierige Aufgabe. Aber durch die hervorragende Erhaltung in diesem Horizont wird *Lepidotes* in seiner beachtlichen Größe und mit dem schweren glänzenden Schuppenpanzer stets besonders bewundert.

Dapedium (Abb. 83–88) ist der häufigste Fisch in den Posidonienschiefern. Seine zeitliche Verbreitung erstreckt sich über das gesamte Mittel-Epsilon und sogar in Ober-Epsilon hinein. *Dapedium* ist kleiner als *Lepidotes,* je nach Art 10–40 cm lang. Seine Gestalt ist, besonders in der Rumpfregion, mehr oder weniger gedrungen mit hohem Rücken und tiefer Bauchregion. Der Kopf ist kurz, ähnelt im übrigen aber *Lepidotes;* auch hier beobachten wir zahlreiche einzelne Deckknochen des Schädels mit typischer Oberflächenskulptur. Die Orbitalregion ist noch ausgeprägter und vielgliedriger. Brust- und Bauchflossen sind klein, die Rücken- und Afterflosse aber werden zu langen Flossensäumen, welche mit dem äußerlich fast symmetrischen heterozerken Schwanz eine motorische Einheit bilden. Die Erhaltung ist unvorstellbar mannigfaltig, mehr oder weniger zerfallene und unvollständige Funde überwiegen weitaus. Die ursprüngliche systematische Gliederung von AGASSIZ nach *Dapedium punctatum, pholidotum, ovale,* der QUENSTEDT noch *Dapedium caelatum* hinzugefügt hat, kann nicht mehr aufrecht erhalten werden. Strenge Eingliederung der Funde nach den Feinhorizonten lassen eine stammesgeschichtliche Entwicklung erkennen.

Tetragonolepis (Abb. 89–90): Dieses seltene, kleine, kaum 10 cm lange Fischchen fällt durch seine besonders gedrungene Gestalt auf. Die Bauchregion ist außerordentlich tief. Aus der regelmäßig lateralen Einbettung zu schließen, war der Körper wesentlich höher als breit. Der Kopf ist klein mit wohlverknöcherten Schädeldeckknochen. Die kleine homozerke Schwanzflosse ist aus einigen ungegliederten Flossenstrahlen gebildet. Das Schuppenkleid besteht aus wenigen auffallend großen Schuppenreihen, die in der Ventralregion zu langen schmalen Platten ausarten. Alle Funde wurden bisher der einen Spezies *Tetragonolepis semicinctus* (BRONN) zugeteilt.

Pachycormus (Abb. 91–96) gehört einer anderen großen Familie der Holostier an, die sich ebenfalls im Jura entfaltet hat. Die Pachycormiden sind Raubfische von schlanker Gestalt. Der Kopf ist länglich mit vielfach verwachsenen dünnen Schädeldeckknochen. Die langen Kiefer, mit vielen spitzen Zähnen bewehrt, umschließen einen weiten Schlund. Im Gegensatz zu *Lepidotes* und *Dapedium* ist das Schuppenkleid äußerst fein, der Körper gewinnt dadurch an Beweglichkeit und Wendigkeit. Dafür ist aber das innere Skelett zum besseren Ansatz kräftiger Muskulatur weiter entwickelt. Die Flossenform und Größe wechselt sehr, immer aber ist Schnelligkeit und Gewandtheit Trumpf. Besonders die Vorderflossen nehmen bisweilen in Länge und Fläche extreme Ausmaße an und entwickeln dadurch eine gewaltige Schnellkraft (Flugfisch). Die Bauchflossen dagegen verkümmern.

Die systematische Gliederung in *Pachycormus bollensis* (QUENSTEDT), *Pachycormus macropterus* (BLAINVILLE) und *Pachycormus curtus* (AGASSIZ) ist bisher beibehalten worden, doch sind damit nurmehr Formenkreise angedeutet. Chronologisch gliedert tritt zuerst als größte Seltenheit (nur 2 Exemplare in 80 Jahren) im unteren Mittel-Epsilon II_3 der große *Pachycormus esocinus* (AGASSIZ) mit über 1 m Länge auf. In II_4 haben sich die Arten aufgespalten in *Pachycormus bollensis*-Verwandte und solche, die *Pachycormus macropterus* und *curtus* nahestehen, die ersteren zart, aber auch bis über 1 m lang, die letzteren kleiner, kräftiger und gedrungener, mehr den Teleostiercharakter anstrebend. Dieser Typ behauptet das Feld auch im mittleren und oberen Mittelepsilon.

Sauropsis veruinalis (WHITE) (Abb. 97), ein bisher nur zweimal in der Grenzzone der unteren Stinkkalkbank Mittel-Epsilon II_5 gefundener Fisch, steht *Pachycormus* verwandtschaftlich nahe, der ganze Habitus verkörpert jedoch noch mehr den Raubfisch mit länglichem Schädel, festerem Achsenskelett, schmalen, spitzen Flossen und tiefgegabeltem Schwanz.

Ein bisher unbeschriebener Fisch aus den Posidonienschiefern ist auf (Abb. 98) abgebildet. Er zeigt Ähnlichkeit mit *Hypsocormus* aus den Plattenkalken im obersten Malm von Solnhofen, ist kleiner als die Pachycormusarten und langgestreckt, mit einem sehr feinen Schuppenkleid bedeckt.

Caturus smithwoodwardi (WHITE) ist bis jetzt anhand eines einzigen Exemplars aus dem Lias ε von Holzmaden beschrieben. Durch zwei weitere hervorragend schöne Funde (Abb. 99, 100) von fast 1 m Länge sind diese hier äußerst seltenen Raubfische, die wir ebenfalls aus den Plattenkalken des obersten Malm von Solnhofen und Nusplingen kennen, nunmehr besser vertreten. Der Habitus ähnelt den Pachycormiden, doch ist *Caturus* insgesamt viel robuster gebaut. Der Schädel ist kurz, mit kräftigen, stark bezahnten Kiefern. Das Achsenskelett ist bis auf die Wirbel weitgehend verknöchert, mit sehr breiten oberen und unteren Bögen. Die paarigen und unpaaren Flossen sind auffallend kräftig, ganz besonders der mächtige äußerlich völlig gleichlappige Schwanz. Die feine Beschuppung ähnelt der der Pachycormiden.

Pholidophorus, Thrissops und Leptolepis leiten über zu den Teleostiern (Knochenfischen), und damit fällt in der Entwicklungsgeschichte der Fische ein Datum von großer palaeontologischer Bedeutung in die Ablagerungszeit des Lias und speziell der Posidonienschiefer.

Pholidophorus (Abb. 101–103) kommt in drei Arten im hiesigen Lias ε vor, *Pholidophorus limbatus* (AGASSIZ), *Pholidophorus germanicus* (QUENSTEDT) und *Pholidophorus bechëi* (AGASSIZ). Gute Funde sind sehr selten, und vielleicht ist dies wieder ein Zeichen dafür, daß der Lebensraum und Ort der Einbettung nicht die gleichen waren. Die Körperlänge schwankt zwischen 20 und 30 cm. Der rundliche Schädel mit dem typischen sichelförmigen Oberkiefer basiert auf einem gedrungenen Rumpf. Die paarigen und unpaaren Flossen sind mäßig groß. Aus dem kurzen breiten Schwanzstiel steigen die Schwanzgabeln steil auf. Ein kräftiges Schuppenkleid bedeckt den Körper.

Thrissops (Abb. 104) ist selten, sein Vorkommen beschränkt sich vornehmlich auf den kleinen Zeitraum um die untere Stinkkalkbank II_5 in Mittel-Epsilon. Die Körpergröße schwankt zwischen 25 und 35 cm. Die Gestalt ist schlank. Der Kopf spitzt sich von der Orbitalregion an zu, ohne daß ein ausgesprochenes Rostrum entwickelt wäre. Die schmalen Flossen und die homozerke, tiefgegabelte Schwanzflosse bekräftigen den Eindruck von *Thrissops* als einem gewandten kleinen Raubfisch. Ein zartes Schuppenkleid bedeckt den Körper. Mit seinem wohlausgebildeten, in den Wirbelkörpern weitgehend verknöcherten Skelett ist *Thrissops* ein Vorbote der Teleostier. Alle Funde des Lias ε gehören zu *Thrissops micropodius* (AGASSIZ).

TELEOSTIER (Knochenfische Abb. 105–107)

Leptolepis (Abb. 105–107). Dieser kleinste unter den vielerlei Fischen unseres Posidonienschiefers ist der modernste. Denn er besitzt ein wohlverknöchertes Skelett mit einer knöchernen Wirbelsäule. Er ist von länglicher Gestalt mit rundlichem Kopf. Die paarigen wie die unpaaren Flossen sind kurz, mit wenigen Flossenstrahlen; die Schwanzflosse ist homozerk. Die Schuppen sind außerordentlich fein. In einer der untersten Schichtstufen des Lias ε, dem sog. Tafelfleins, Unter-Epsilon I_2, ist ein allerdings nur einmal beobachtetes Vorkommen von *Leptolepis* bemerkenswert, das lebhaft an die häufigen Leptolepisfunde in den obersten Jura-Plattenkalken von Solnhofen-Eichstätt erinnert. Hier finden sich auf kleinem Raum verhältnismäßig häufig diese kleinen, etwa 6–9 cm langen Fischchen ein. Die zarten Körperchen sind schlecht erhalten; sie waren wohl schon vor der Einbettung der Verwesung ausgesetzt (im Gegensatz zu vielen Solnhofener Funden), aber (wie diese) haben fast alle eine mehr oder weniger gekrümmte Lage. In Mittel-Epsilon ist *Leptolepis* hauptsächlich in den Stinkkalken II_5 mitunter prachtvoll erhalten zu finden.

Eine unermüdlich fleißige, jahrzehntelange Sammel- und Präparierarbeit hat uns diese an Zahl und Arten reiche fossile Fischwelt beschert. Eine ganze Reihe besonderer Exemplare harrt noch ihrer Beschreibung. Die starke Verdrückung erschwert besonders die Analyse des Schädels und das Erkennen des Innenskeletts. Dafür wird es möglich sein, an Hand der ganz genauen Horizontierung der Funde, die Entwicklung der einen oder anderen Art aufzuzeigen.

Ein zusammenfassender Überblick über die fossilen Fische der Posidonienschiefer kann uns die Entwicklung dieser Wirbeltierklasse in einem ihrer interessantesten Stadien veranschaulichen, als nämlich aus der Fülle der überlieferten Formen des Palaeozoikums verschiedene sehr weitläufig verwandte Familien, als Holostier zusammengefaßt, sich zu neuer Blüte entfalten und einen neuen Lebensraum, das offene Meer, erobert haben, und als gleichzeitg – noch ganz unscheinbar – die Vorfahren unserer modernen Fische, die ersten Teleostier, auftreten. Bis auf den heutigen Tag aber begleiten die hartnäckig am Althergebrachten festhaltenden, großen Hai- und Störarten diesen höchst interessanten Werdegang.

Abb. 77: *Ptycholepis bollensis* (AG) Lias ε II$_{10}$ Holzmaden. 30 cm lang.

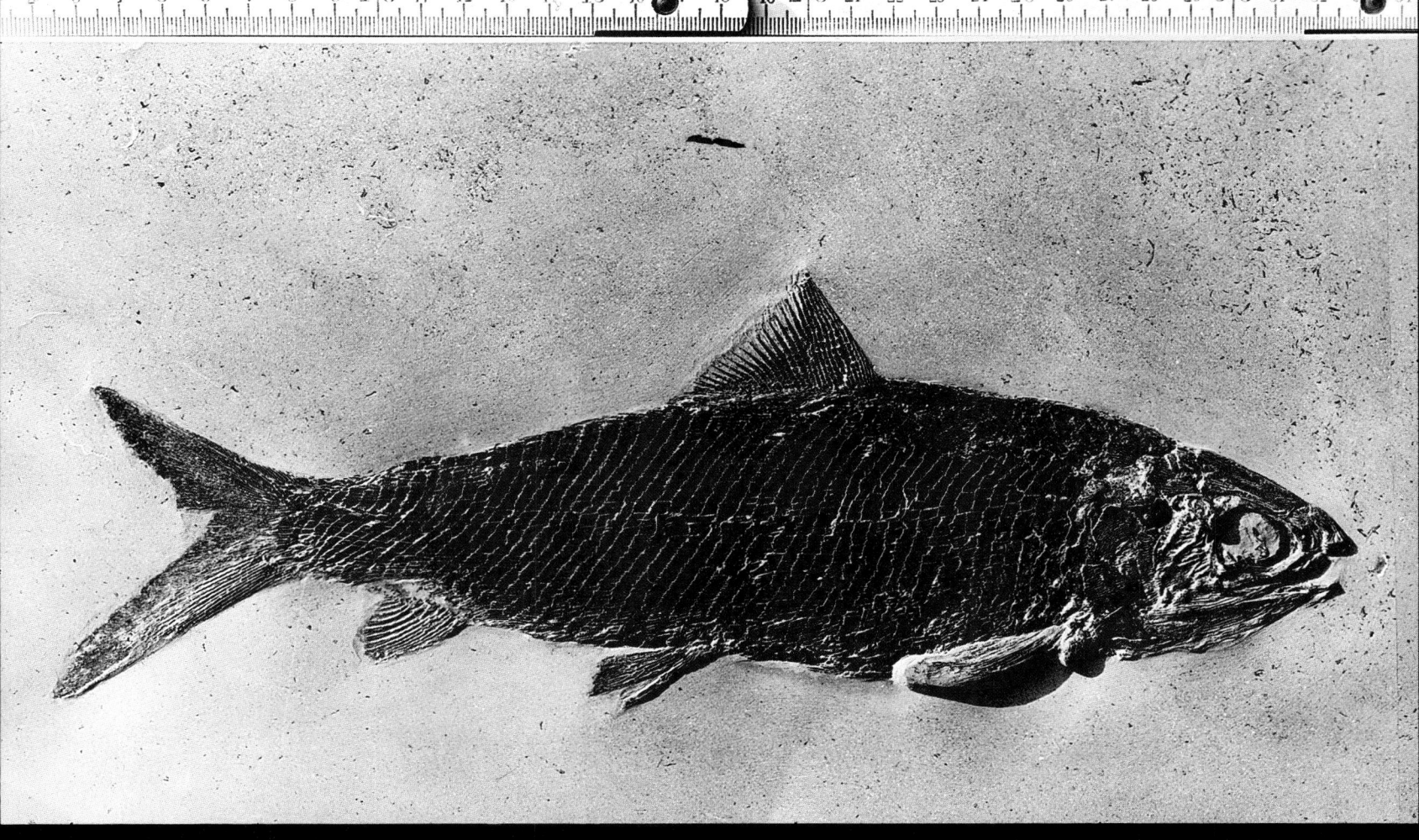

Abb. 78: *Ptycholepis bollensis* (AG) Lias ε II₁₁ Ohmden. 30 cm lang.
(Museum Hauff)

Abb. 79: *Lepidotes elvensis* (BLAINV.) Lias ε II₅ Holzmaden. 81 cm lang.
(Stuttgart)

Abb. 80: *Lepidotes elvensis* (BLAINV.) Lias ε II₅ Holzmaden. 65 cm lang. (Graz)

Abb. 79

Abb. 80

Abb. 81

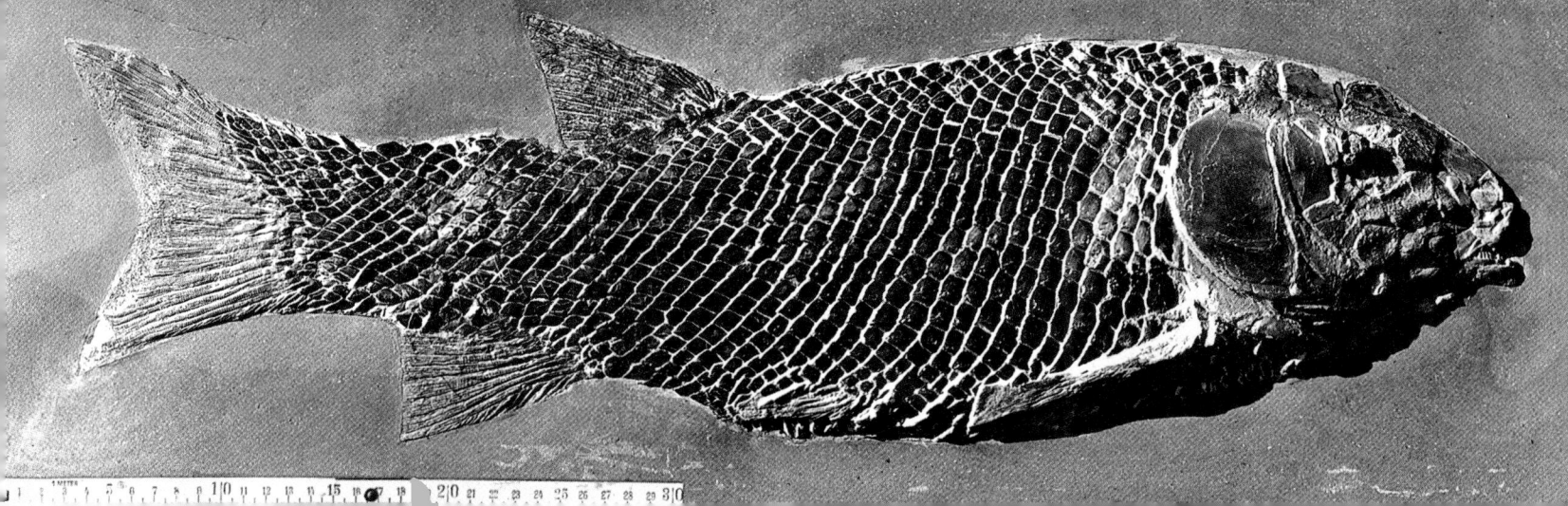

Abb. 82

Abb. 83: *Dapedium punctatum* (AG.) Lias ε II³/₄ Holzmaden. 33,5 cm lang.
(Museum Hauff)

Abb. 81: *Lepidotes* sp. Lias ε II⁵/₆ Holzmaden. 36 cm lang. (Museum Hauff)

Abb. 82: *Lepidotes elvensis* (BLAINV.) Lias ε II₅ Holzmaden. 64 cm lang, schönster Fund seiner Art. (Museum Hauff)

Abb. 84: *Dapedium punctatum* (AG.) Lias ε II$_6$ Holzmaden. 40 cm lang.
(Museum Hauff)

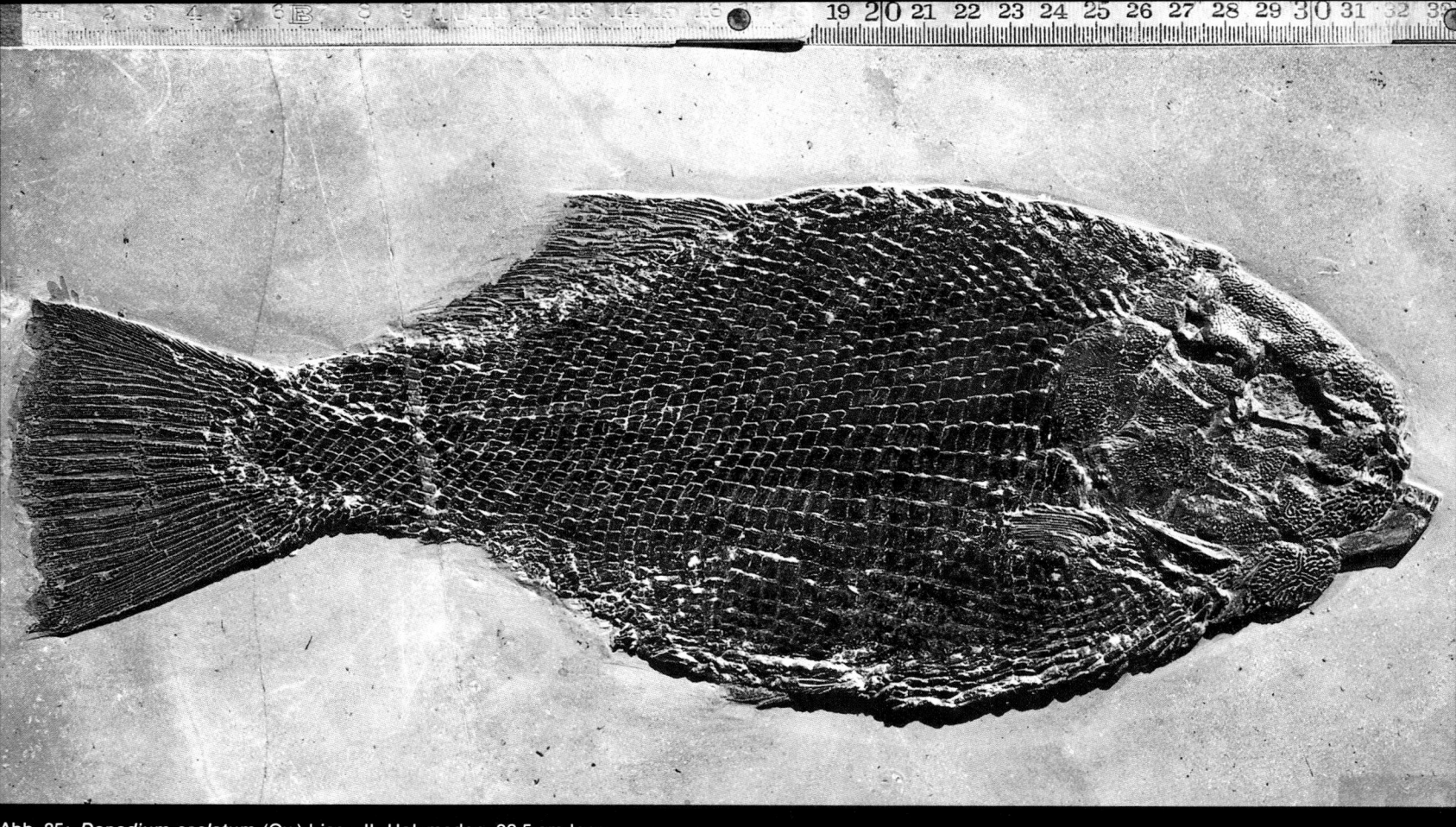

Abb. 85: *Dapedium caelatum* (Qu.) Lias ε II$_6$ Holzmaden. 32,5 cm lang.
(Museum Hauff)

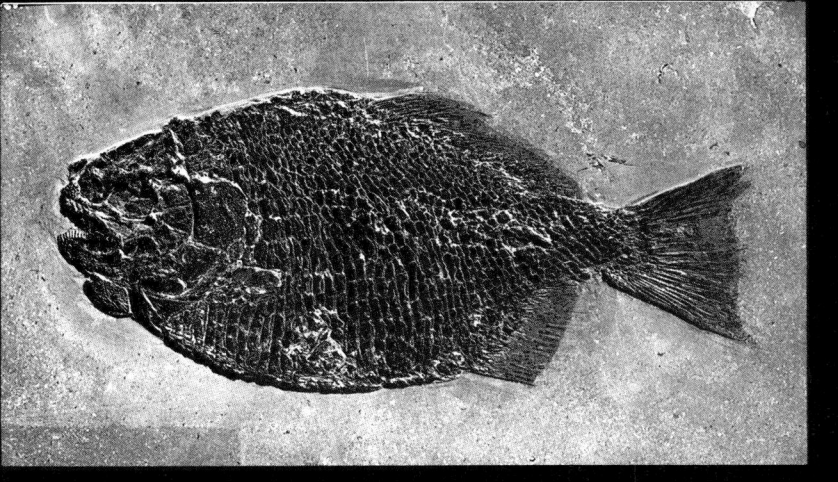

Abb. 86: *Dapedium pholidotum* (Qu.) Lias ε II$_4$ Holzmaden. 19 cm lang.
(Museum Hauff)

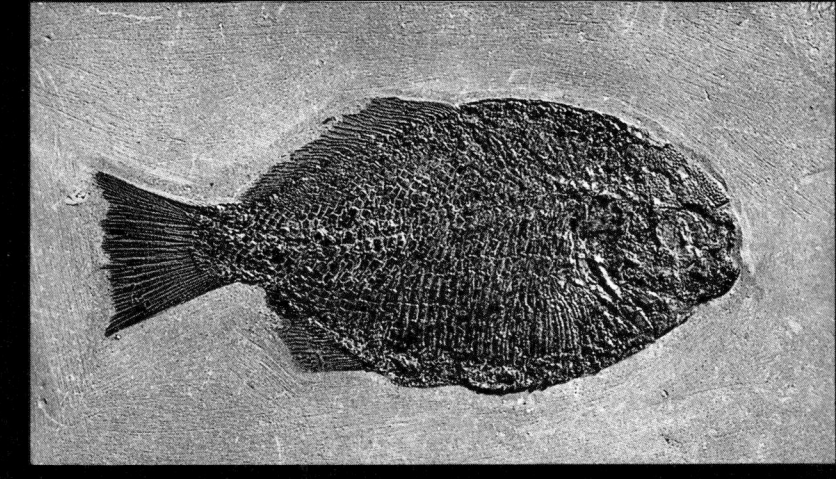

Abb. 87: *Dapedium* sp. Lias ε II$_4$ Holzmaden. 11,5 cm lang. (Museum Hauff)

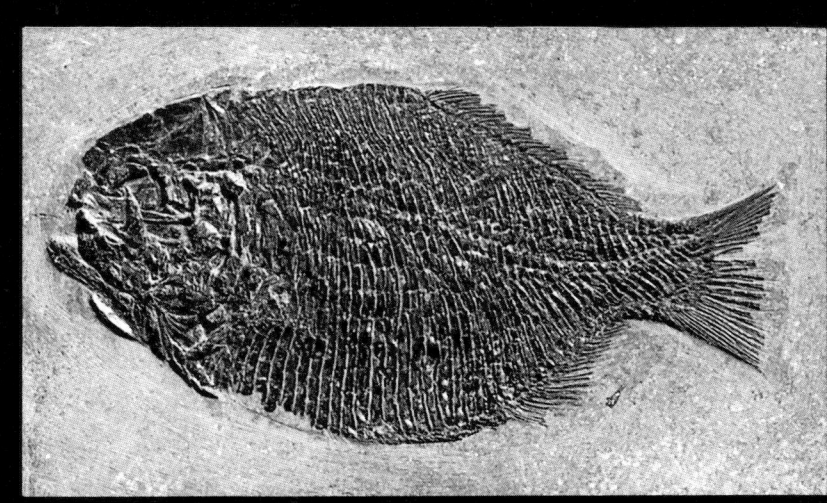

Abb. 88: *Dapedium* sp. Lias ε II$^5/_6$ Holzmaden. 11 cm lang. (Museum Hauff)

Abb. 89: *Tetragonolepsis semicinctus* (BROWN) Lias ε II$^5/_6$ Holzmaden. 8,5 cm lang. (Museum Hauff)

Abb. 90: *Tetragonolepis semicinctus* (BROWN) Lias ε II$^5/_6$ Holzmaden. 9 cm lang. (Museum Hauff)

Abb. 91: *Pachycormus bollensis* (Qu.) Lias ε II$_4$ Holzmaden. 75 cm lang. Bester Fund seiner Art. (Museum Hauff)

Abb. 92: *Pachycormus esocinus* (Qu.) Lias ε II$_3$ Holzmaden. 130 cm lang. (Stuttgart)

Abb. 93: *Pachycormus* sp. Lias ε II$_6$ Holzmaden. 130 cm lang. (London)

Abb. 92

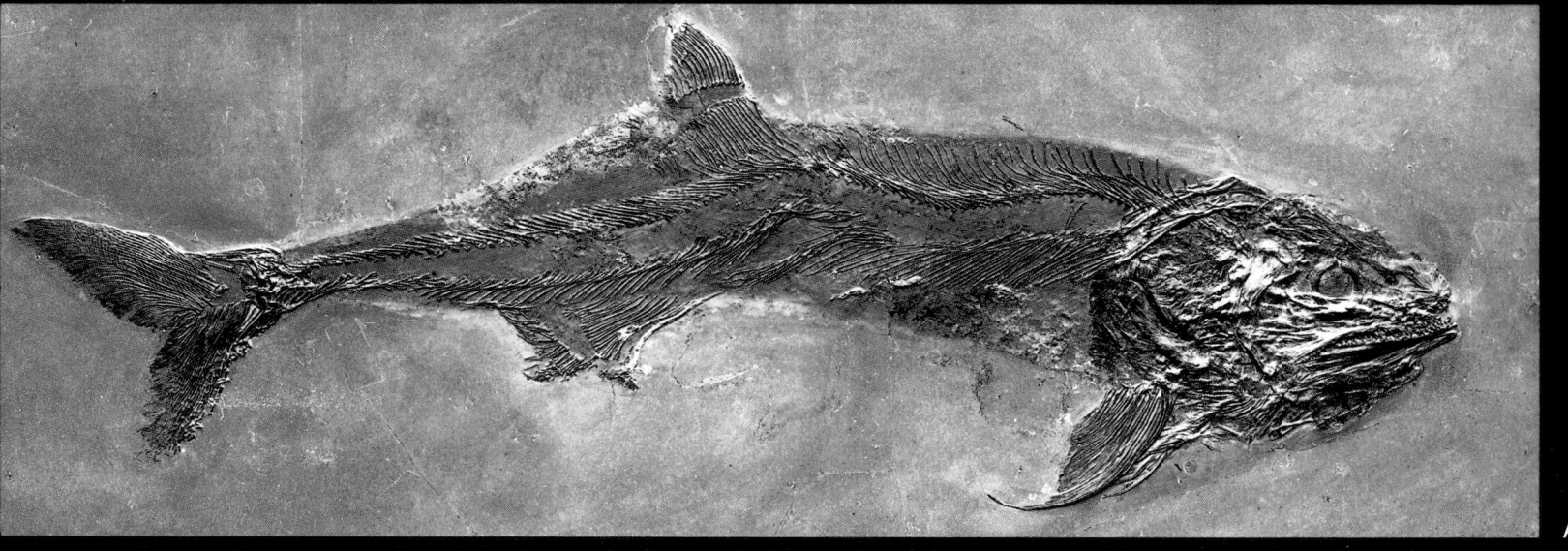

Abb. 93

Abb. 94

Abb. 95

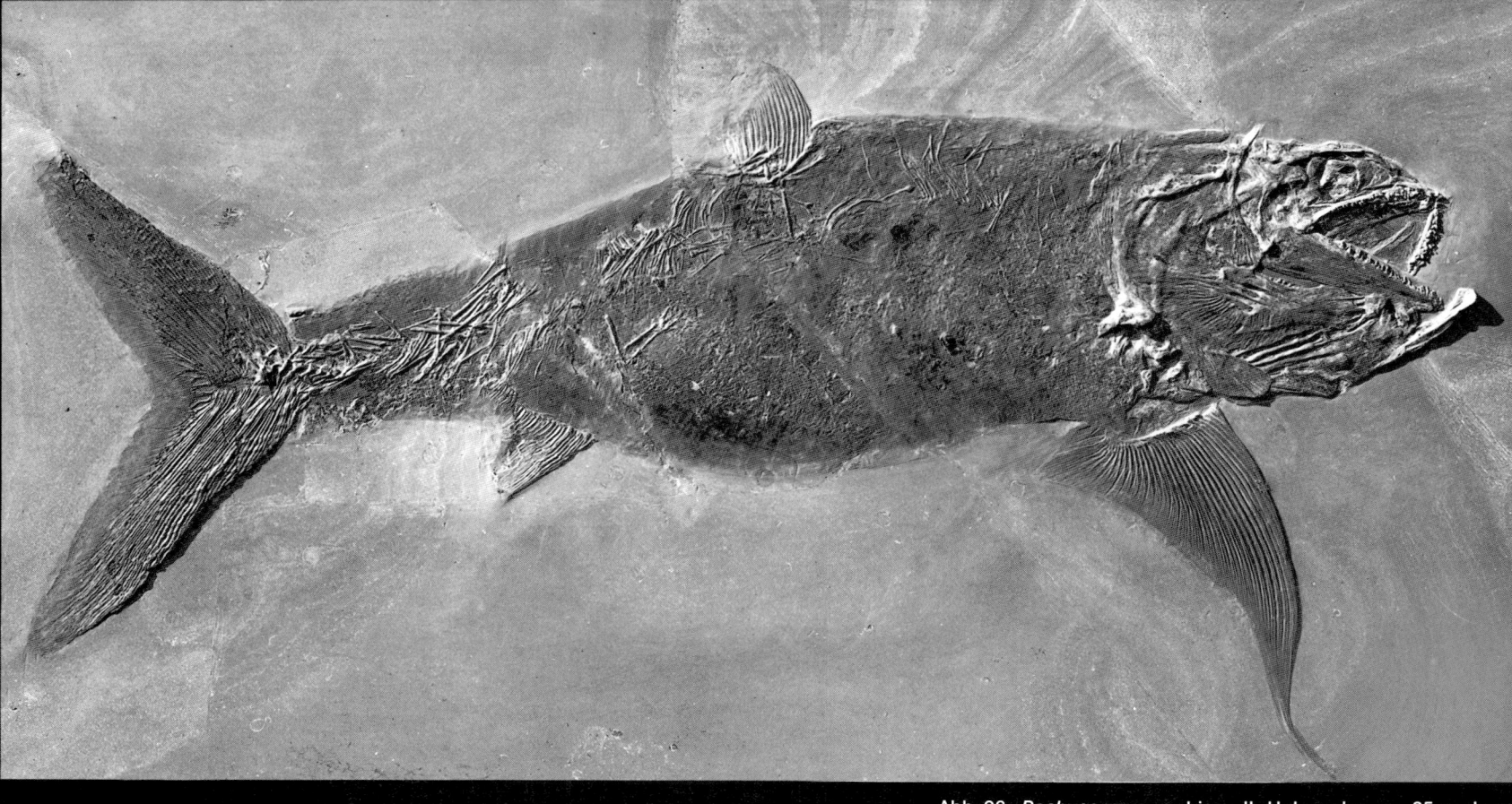

Abb. 96: *Pachycormus* sp. Lias ε II$_3$ Holzmaden, ca. 85 cm lang.

Abb. 94: *Pachycormus macropterus* (BLAINV.) Lias ε II$_6$ Holzmaden. 64 cm lang.
(Museum Hauff)

Abb. 95: *Pachycormus curtus* (AG.) Lias ε II$_6$ Ohmden. 42 cm lang. (Genf)

Abb. 97: *Sauropsis veruinalis* (WHITE) Lias ε II$^5/_6$ Holzmaden. 59 cm lang.   (Museum Hauff)

Abb. 98: *Hypsocormus* sp. Lias ε II$_3$ Holzmaden. 37,5 cm lang.   (Museum Hauff)

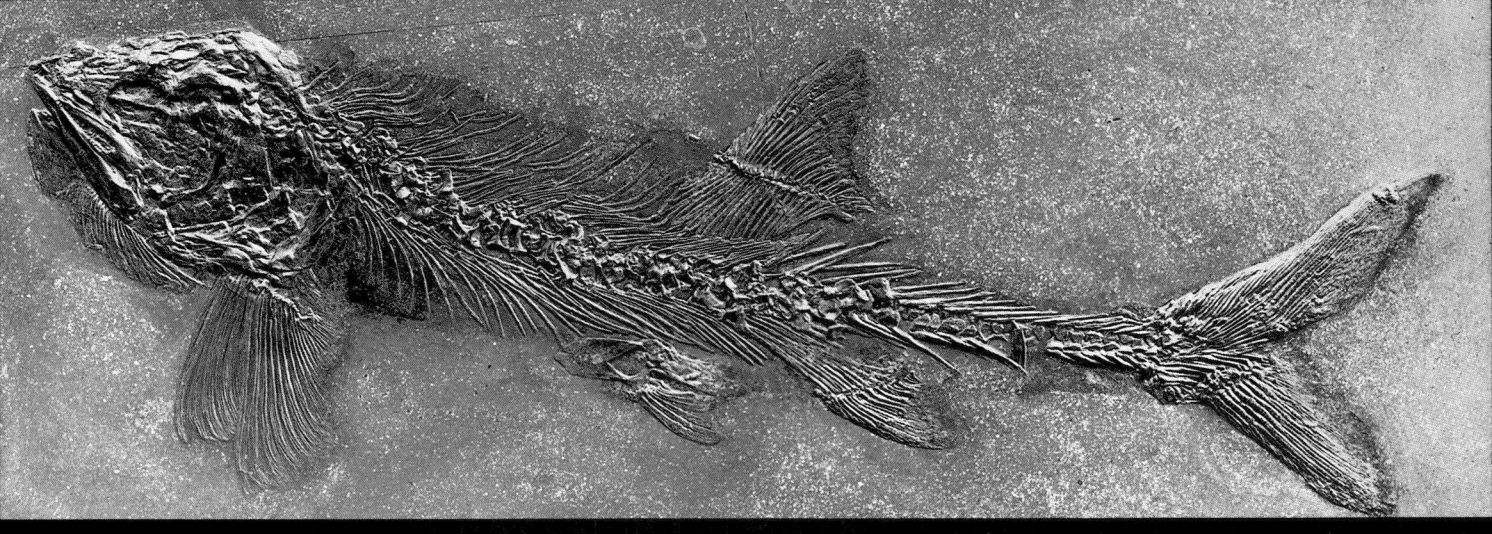

Abb. 99: *Caturus* sp. Lias ε II$_3$ Holzmaden. 90 cm lang. (Museum Hauff)

Abb. 100: *Caturus* sp. Lias ε II$_3$ Holzmaden. 74 cm lang. (Museum Hauff)

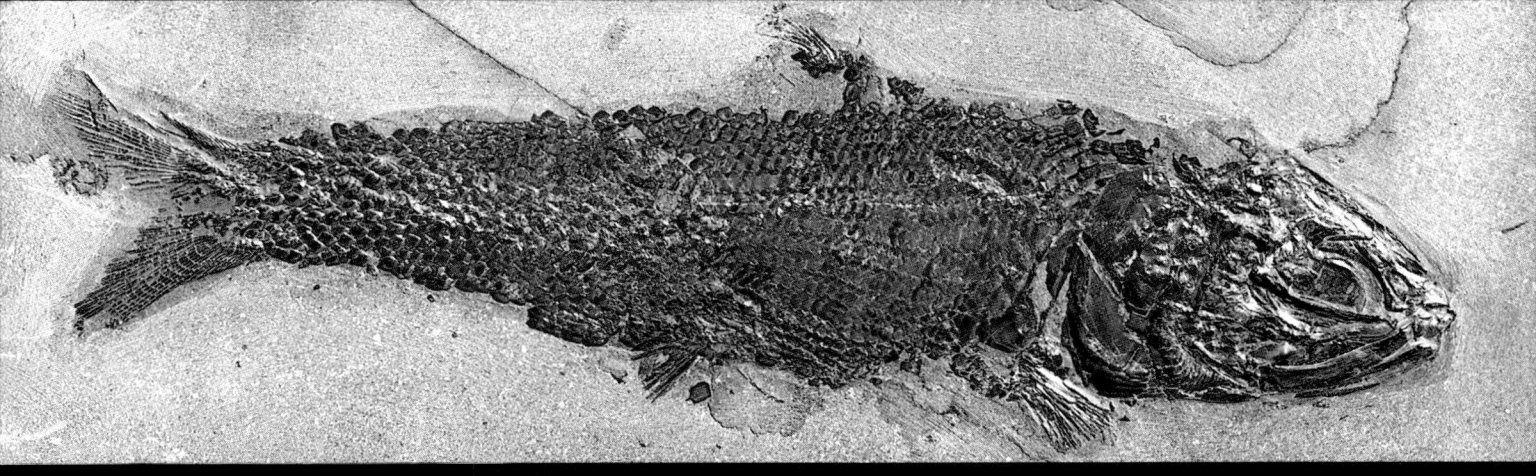

Abb. 101: *Pholidophorus limbatus* (AG.) Lias ε II$_4$ Holzmaden. 18 cm lang. (Museum Hauff)

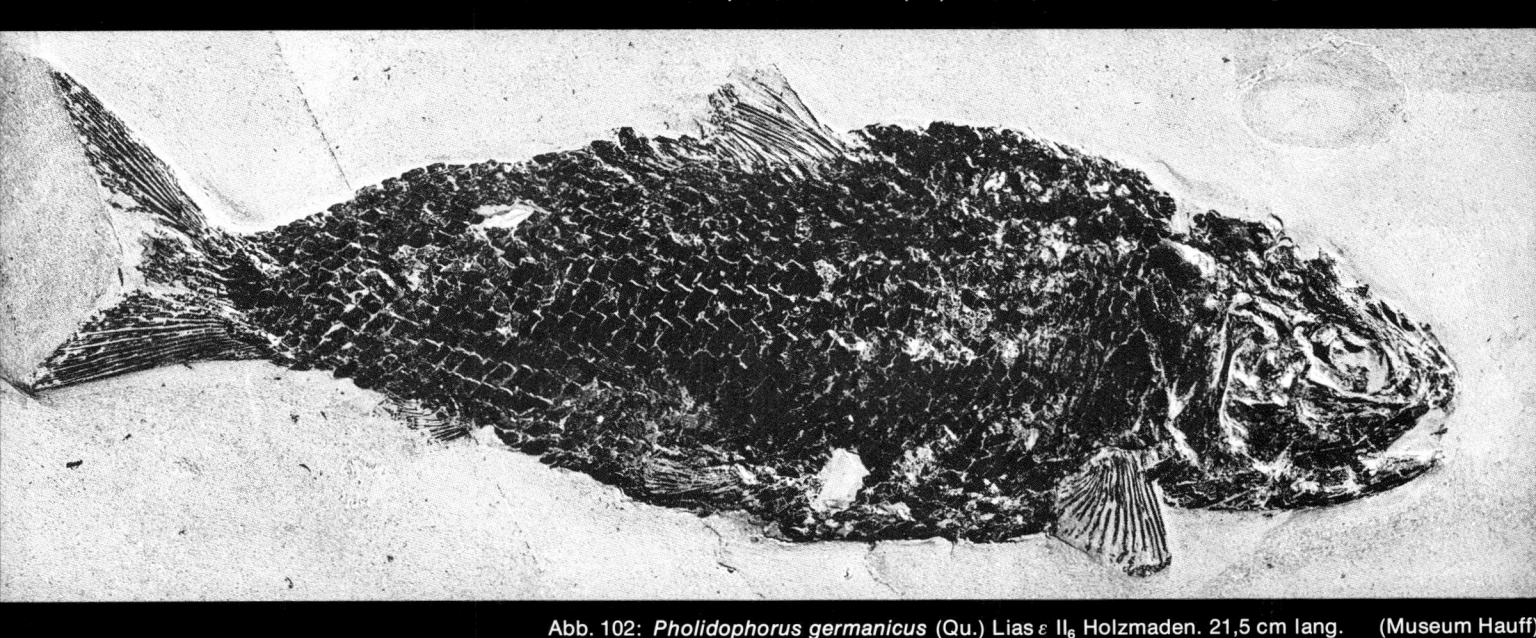

Abb. 102: *Pholidophorus germanicus* (Qu.) Lias ε II$_6$ Holzmaden. 21,5 cm lang. (Museum Hauff)

Abb. 103: *Pholidophorus bechëi* (AG.) Lias ε II$_5$ Holzmaden. 20 cm lang. (Museum Hauff)

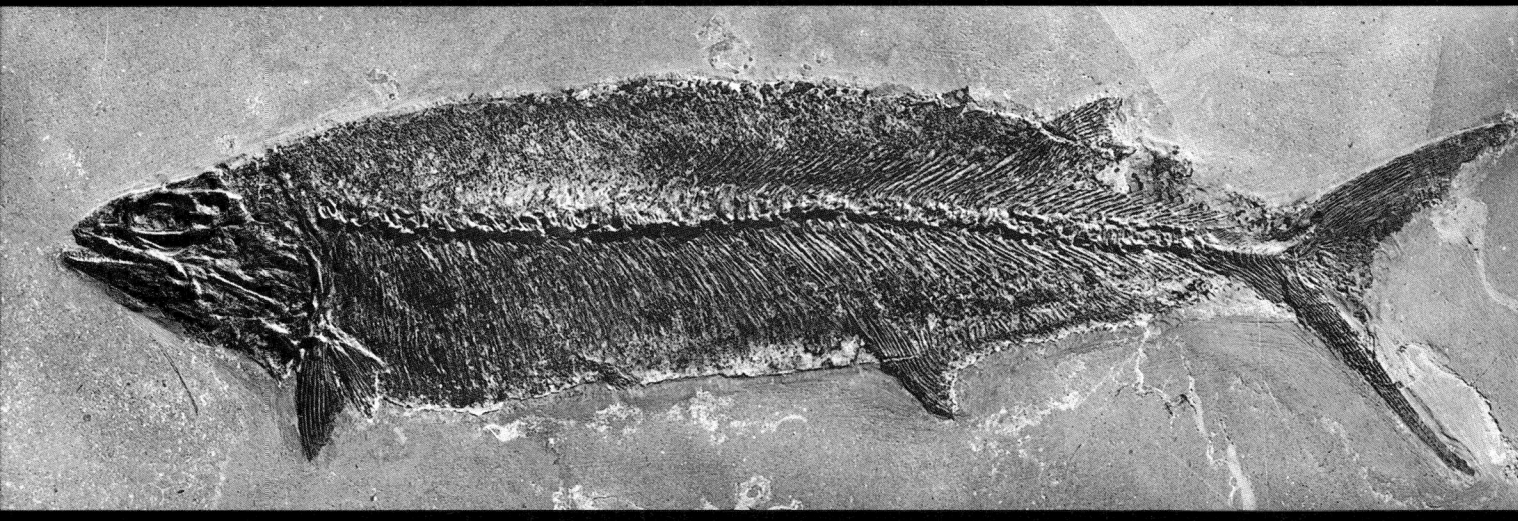

Abb. 104: *Thrissops micropodius* (AG.) Lias ε II$^5/_6$ Holzmaden. 35 cm lang. (Privatbesitz)

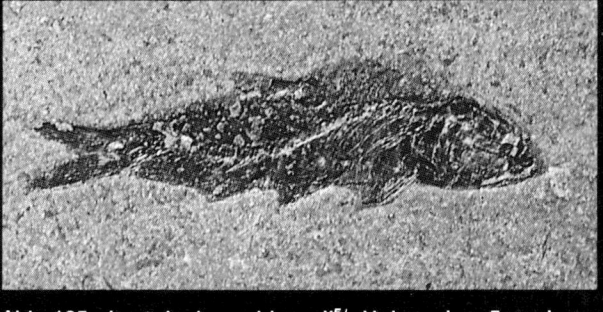

Abb. 105: *Leptolepis* sp. Lias ε II$^5/_6$ Holzmaden. 5 cm lang. (Museum Hauff)

Abb. 106: *Leptolepis bronni* (AG.) Lias ε II$_5$ Holzmaden. 9,5 cm lang. (Museum Hauff)

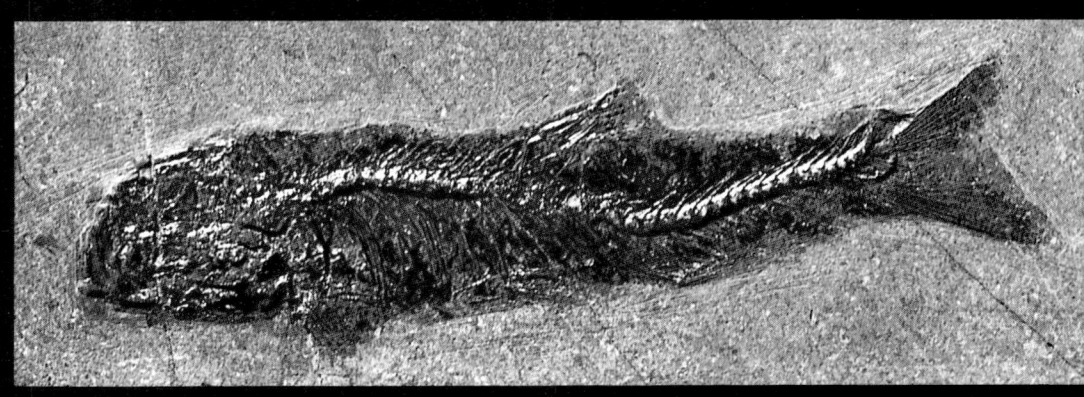

Abb. 107: *Leptolepis antisiodorensis* (ARAMB.) Lias ε II$^4/_5$ Holzmaden. 9,3 cm lang. (Museum Hauff)

Arthropoden (Gliederfüßer Abb. 108–112)

Der Anteil der Arthropoden an dem Fossilinhalt der Posidonienschiefer ist naturgemäß außerordentlich gering. Umso bedeutungsvoller sind die wenigen hochinteressanten Funde.

Unter den Decapoden, in deren Systematik nach BEURLEN (die Decapoden des Schwäb. Jura Palaeontogr. Bd. LXX 1928) wir zwischen der Gruppe der *Rostralia* und *Arostralia* zu unterscheiden haben, sind bei den ersteren *Uncina posidoniae* (QUENSTEDT), bei den letzteren die Proeryoiden einzugliedern.

Uncina posidoniae (QUENSTEDT) (Abb. 108) gehört den Natantia an, ist also ein schwimmender Decapode von hoher Spezialisierung und hat in der Lias ε-Zeit wohl seine Blüte erlebt. Bereits im oberen Weißen Jura begegnen wir ihm nicht mehr, und BEURLEN nimmt an, daß er zu dieser Zeit schon ausgestorben sein muß. In den Posidonienschiefern ist das Vorkommen durch gelegentliche Funde von Scheren in den Horizonten von Mittel-Epsilon II_1–II_5 belegt. Vollständige Exemplare sind allergrößte Seltenheiten. Das auffallendste Merkmal sind die vorderen Pereiopoden, gewaltige Scheren. Der beträchtliche Unterschied im spezifischen Gewicht zwischen diesen und dem nur von einem dünnen Panzer umschlossenen Leib ist wohl daran schuld, daß allermeist diese erste Schere während der Fracht des toten Tieres sich von der Leiche losgelöst hat und rascher irgendanderswo zur Einbettung gelangt ist als der Leib (vergl. hierin *Leptopterygius* und besonders *Saurorhynchus*).

Unter den kriechenden Arostralia treten im hiesigen Lias ε die Proeryoniden in fünf Species auf: *Proeryon hartmanni* (H. v. MEYER) (Abb. 109), *macrophtalmus* (KRAUSE), *longiceps* (BEURLEN) (Abb. 110) und *laticaudatus* (BEURLEN). *Proeryon giganteus* (BEURLEN) (Abb. 112) ist bisher nur einmal in prachtvoller Erhaltung gefunden worden und nach *Mecochirus* der bislang größte bekannte fossile Krebs. Diese Formen sind charakterisiert, abgesehen vom Fehlen des Rostrums durch einen breiten und flachen Cephalothorax, der Stirnrand ist schmal und eingebuchtet. Die flache Augenhöhle sitzt ganz vorn. Der Seitenrand ist gezähnelt. Die Mittellinie des Cephalothorax ist durch einen Längskamm gekennzeichnet. Der feine Panzer ist mit den charakteristischen Wärzchen bedeckt. Die Scheren sind klein. Die Proeryoniden sind im Vergleich zu *Uncina* die häufigeren.

Das Vorkommen der Proeryoniden als kriechende Decapoden, also als Benthosbewohner, gerade und ausschließlich in den Horizonten von Mittel-Epsilon II_3 und II_4, welche nach der POMPECKJ'SCHEN Theorie ein Maximum der Stagnation und Lebensfeindlichkeit am Meeresgrund darstellen, ist damit nicht in Einklang zu bringen, höchstens, wenn wir annehmen, daß die Exuvien oder Leichen dieser Tiere hier eingeschwemmt sind. Dafür spricht ihre Seltenheit, dagegen vielleicht die mitunter ausgezeichnete Erhaltung, welche aber durch das widerstandsfähige chitinöse Integument auch nach längerem Transport doch noch denkbar ist.

Abb. 108: *Uncina posidoniae* (Qu.) Lias ε II₃ₐ Ohmden. 35 cm lang. Größter und schönster Fund seiner Art. (Museum Hauff)

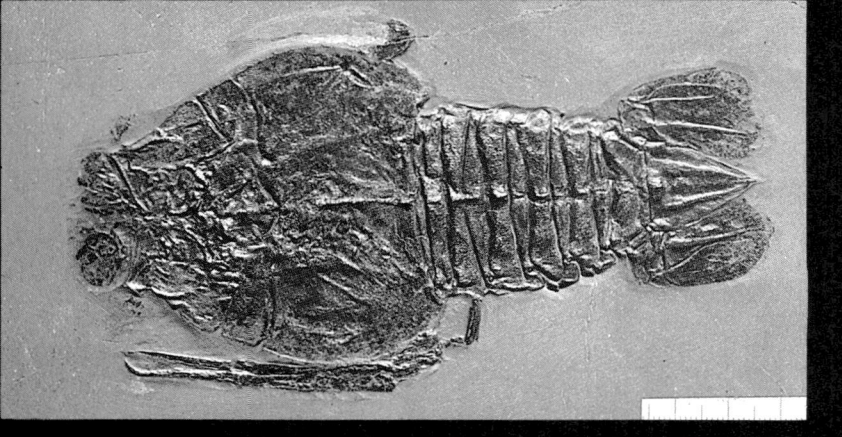

Abb. 109: *Proeryon hartmanni* (H. v. Meyer) Lias ε II$_4$ Ohmden. 13 cm lang. (Museum Hauff)

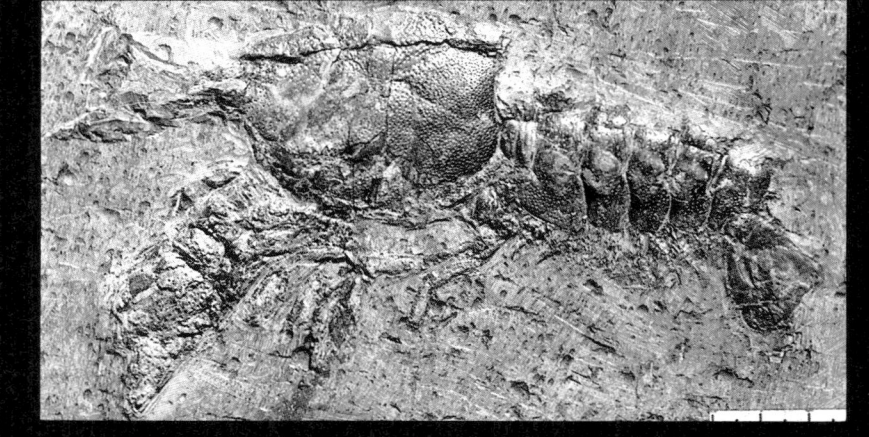

Abb. 111: Noch nicht bestimmter Langschwanzkrebs *(Macrure)*. (Museum Hauff)

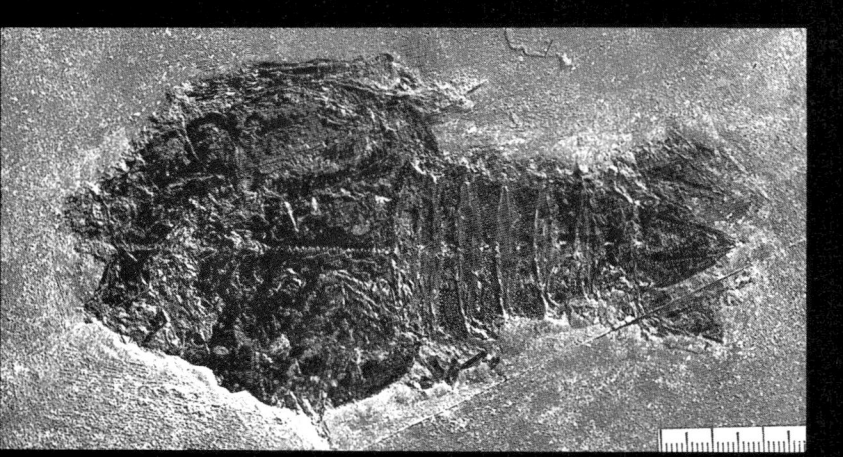

Abb. 110: *Proeryon longiceps* (Beurl.) Lias ε II$_8$ Holzmaden. 13 cm lang. (Museum Hauff)

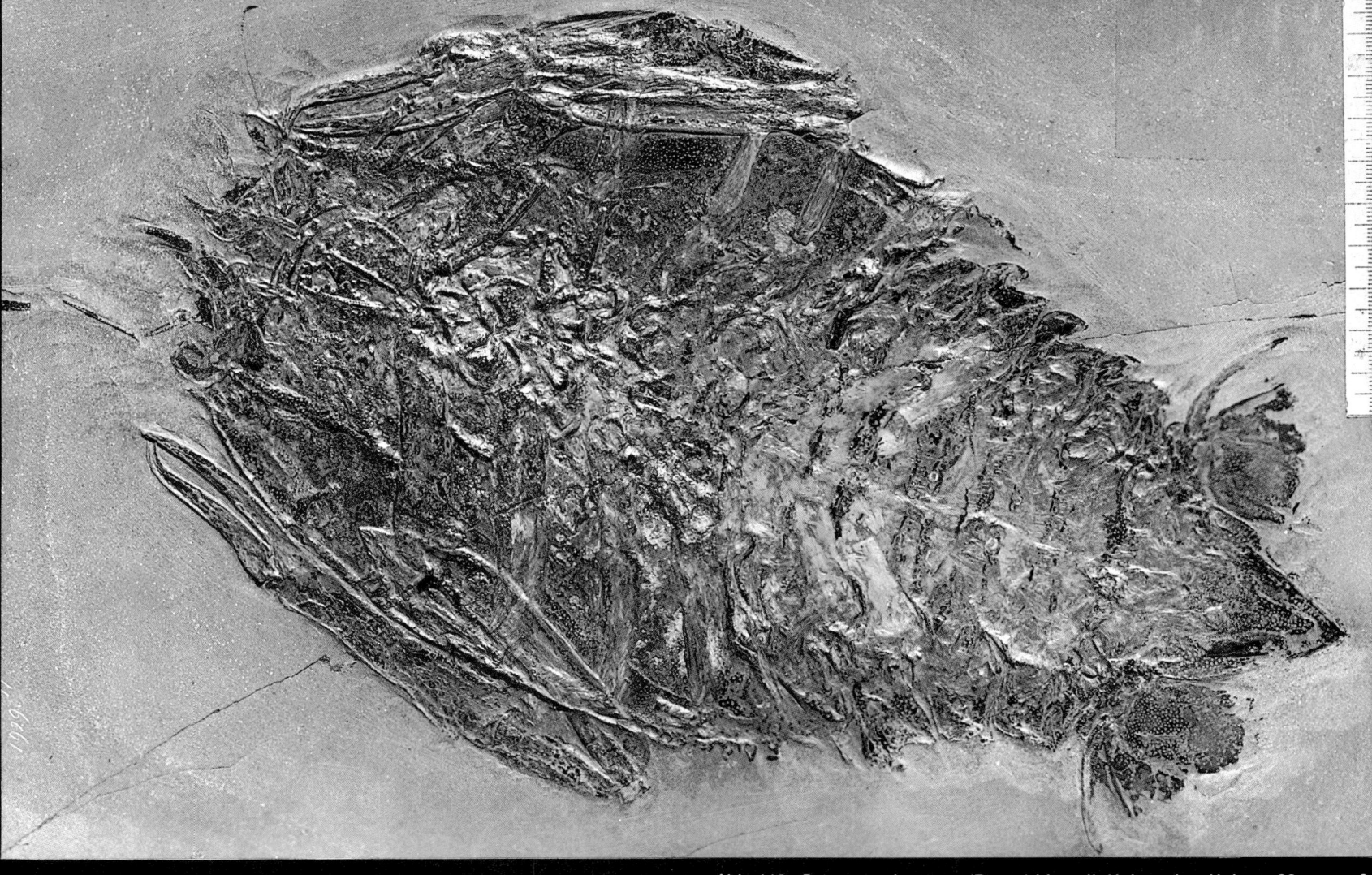

Abb. 112: *Proeryon giganteus* (BEURL.) Lias ε II₄ Holzmaden. Unicum 28 cm groß.
(Museum Hauff)

Echinodermen (Stachelhäuter Abb. 113–123)

Mit zwei verschiedenen Gruppen bereichern und schmücken die Echinodermen die Fossiliengemeinschaft der Posidonienschiefer, nämlich den „Seelilien", *Seirocrinus* und *Pentacrinites* und mit Vorkommen von Seeigeln, *Diademopsis* und *Cidaris*.

Den Seirocrinen (Abb. 113–119), und Pentacriniten, (nach dem 5zackigen Stern im Querschnitt des Stiels) kommt unter allen invertebraten Lias ε-Fossilien eine besondere Bedeutung zu, sie sind die größten und auch die schönsten. Immer wieder begeistern die kunstvollen Formen in prächtiger Erhaltung, sei es einer zierlich kleinen Seelilie, seien es mächtig große Kronen mit einem Durchmesser bis zu über 1 m, oder auch ganze Kolonien. Schwabens Medusenhaupt heißt eine imposante Seirocrinusgruppe, die eine ganze, große Wand der Tübinger Universitätssammlung einnimmt. Mehr als doppelt so groß ist die Seirocrinusgruppe im Museum Hauff in Holzmaden, die auf einem 13 m langen Treibholz aufsitzend eine Fläche von 18 m Länge und 6 m Breite bedeckt. Vielleicht noch erheblich größer ist eine Kolonie aus dem Bruch GONSER auf Markung Ohmden, die mit der Neuauflage dieses Buches eben erst geborgen war. Das Skelett von *Seirocrinus* besteht aus vielen Tausenden von lauter geldrollenartig aneinander gereihten Kalkplättchen. Die Krone baut sich im einzelnen aus einem kleinen offenen Kelch auf, dessen Hauptglieder die fünf Radialia sind. Mit spornförmiger Verlängerung greifen sie nach unten zwischen die Basalia. Interbasalia fehlen. An jedem Radiale setzt ein Arm an mit zunächst zwei Gliedern und weiter zwei dichotomen Verzweigungen. Dann folgen einseitige Nebenäste in distal abnehmender Größe. Sie füllen den ganzen Raum der Krone und bilden die flimmernden Kronenwände. Der Stiel, ebenfalls aus einzelnen Kalkplättchen, ist so gebaut, daß während des Wachstums weitere Einzelglieder entstehen können, nicht nur am proximalen oder distalen Ende. Hand in Hand geht das Dickenwachstum.

Junge Tiere bis zu einem Kronendurchmesser von etwa 10 cm tragen am Stiel mitunter Cirren, eine weitere Hilfsapparatur zum Festhalten der Nahrung (Plankton) solange die Krone eine gewisse Mindestgröße noch nicht erreicht hat.

Diese Cirren sind formbestimmend für *Pentacrinites briareus wuerttembergicus* (QUENSTEDT) (Abb. 120). An seinem ganz kurzen Stiel sitzen so viele Cirren, daß sie über die kleine Krone beinahe das Übergewicht gewinnen. So entsteht an der immer als Kolonie lebenden Gesellschaft das Bild der vieltausendarmigen Seelilie.

Die Verbreitung der beiden Arten *Seirocrinus subangularis* (MILLER) und *Pentacrinites briareus wuerttembergicus* (QUENSTEDT) ist zeitlich verschieden. Die subangularen Seirocrinen sind die früheren. Unvermittelt treten sie in Unter-Epsilon im Tafelfleins I_2 auf und verschwinden genau so plötzlich und gänzlich an der Obergrenze des Fleinses in Mittel-Epsilon (II_3). *Pentacrinites briareus wuerttembergicus* (Qu.) dagegen, viel seltener, findet sich erst von Mittel-Epsilon II_4 bis II_{12}. Ein neuer Fund, der auch zu den kurzstieligen Pentacriniten gezählt wird, stammt aus Ober-Epsilon III. Er zeichnet sich durch lange, im Querschnitt rhombische, in hochoval übergehende Cirren und ein deutlich erhaltenes Nodale aus. (*Pentacrinites cf. quenstedti*) (OPPEL) (Abb. 121–123).

Lange Zeit war ungeklärt, ob *Seirocrinus subangularis* mit seinem bis zu 18 m langen Stiel am Meeresgrund festsaß oder als Einzelindividuum freischwimmend war. Sicherlich hatten die freischwimmenden jungen Tiere das Bestreben, sich festzusetzen, was aber, wenn überhaupt, dann an einem treibenden Schlammballen oder Holz geschah. Beweise für benthonisches Leben fehlen. Die pseudoplanktonische Lebensweise in Verbindung mit *Inoceramus* steht mit unseren Vorstellungen von den biochemischen Verhältnissen im Lias ε-Meer in Einklang. Immer beobachten wir ein einheitliches Verhältnis von der Größe der Kolonie zu ihrem tragenden Teil, kleine Kolonien an kleinem Treibgut, größere an größerem, längere Zeit schwimmfähigem, bis die Last der aufsitzenden Kolonie über dessen Tragkraft ging und sie in die spezifisch schwerere, aber todbringende Zone des Meeres niedersank und schließlich eingebettet wurde.

Echinoidea: *Cidaris posidoniae* (QUENSTEDT) und *Diademopsis crinifera* (QUENSTEDT). Im Vergleich mit den Seirocrinen u. Pentacriniten sind diese beiden Seeigel sehr unscheinbar. Der seltene *Diademopsis* ist beschränkt auf den Tafelfleins Unter-Epsilon I_2 und auch darin nur für einen ganz aufmerksamen Beobachter zu finden. Von *Cidaris* sind nur die sehr feinen Stacheln als Cidaris- „Häcksel" aus Mittel-Epsilon II_4 überliefert in einem lokal beschränkten, mehr oder weniger dünnen Lager, einem analogen Vorkommen wie heute in den Watten der Nordsee.

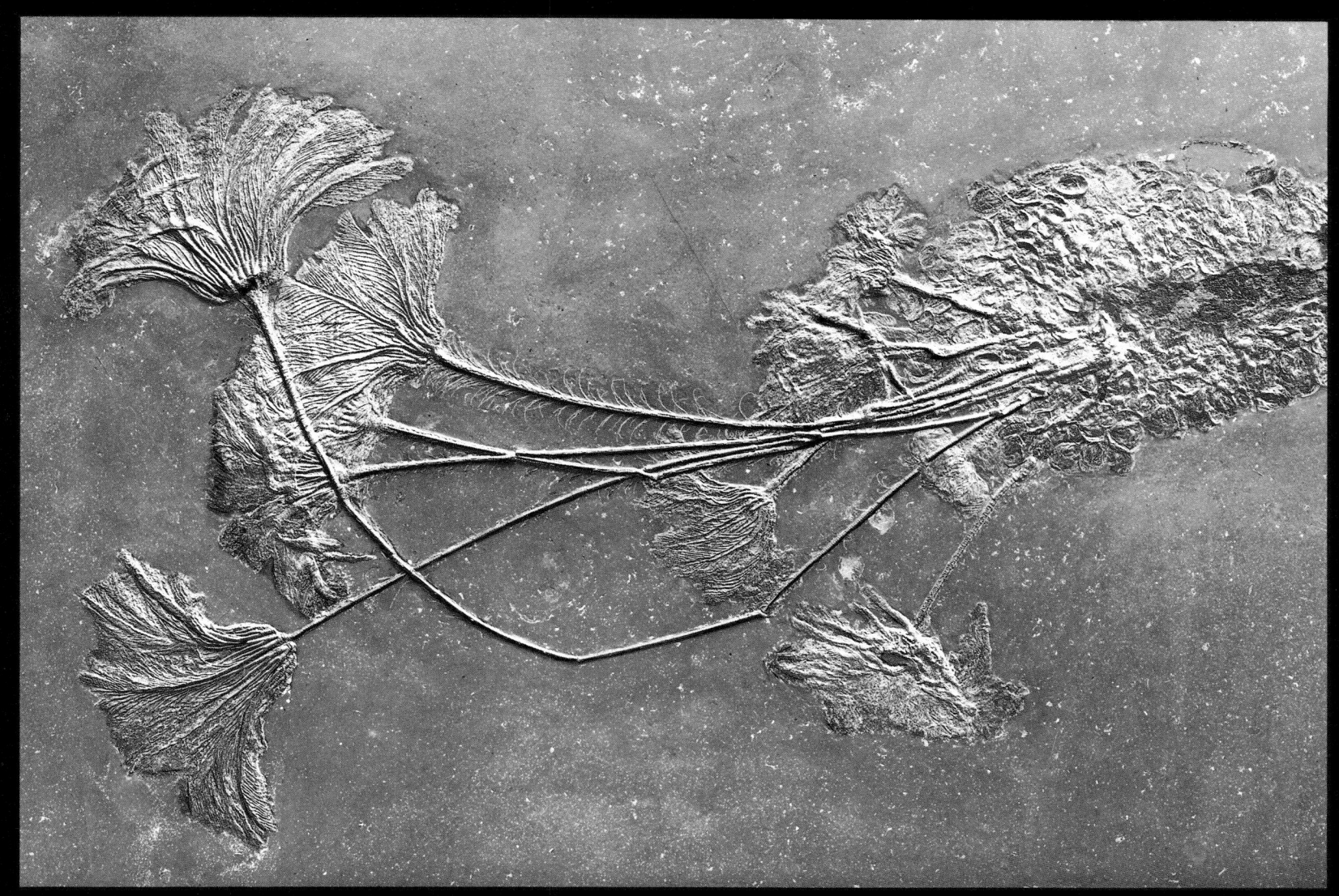

Abb. 113: *Seirocrinus subangularis* (MILL.) Lias ε II₃ Ohmden. Kolonie auf Treibholz aufsitzend mit *Inoceramus dubius* (SOW.) Platte 112 × 168 cm.
(Museum Hauff)

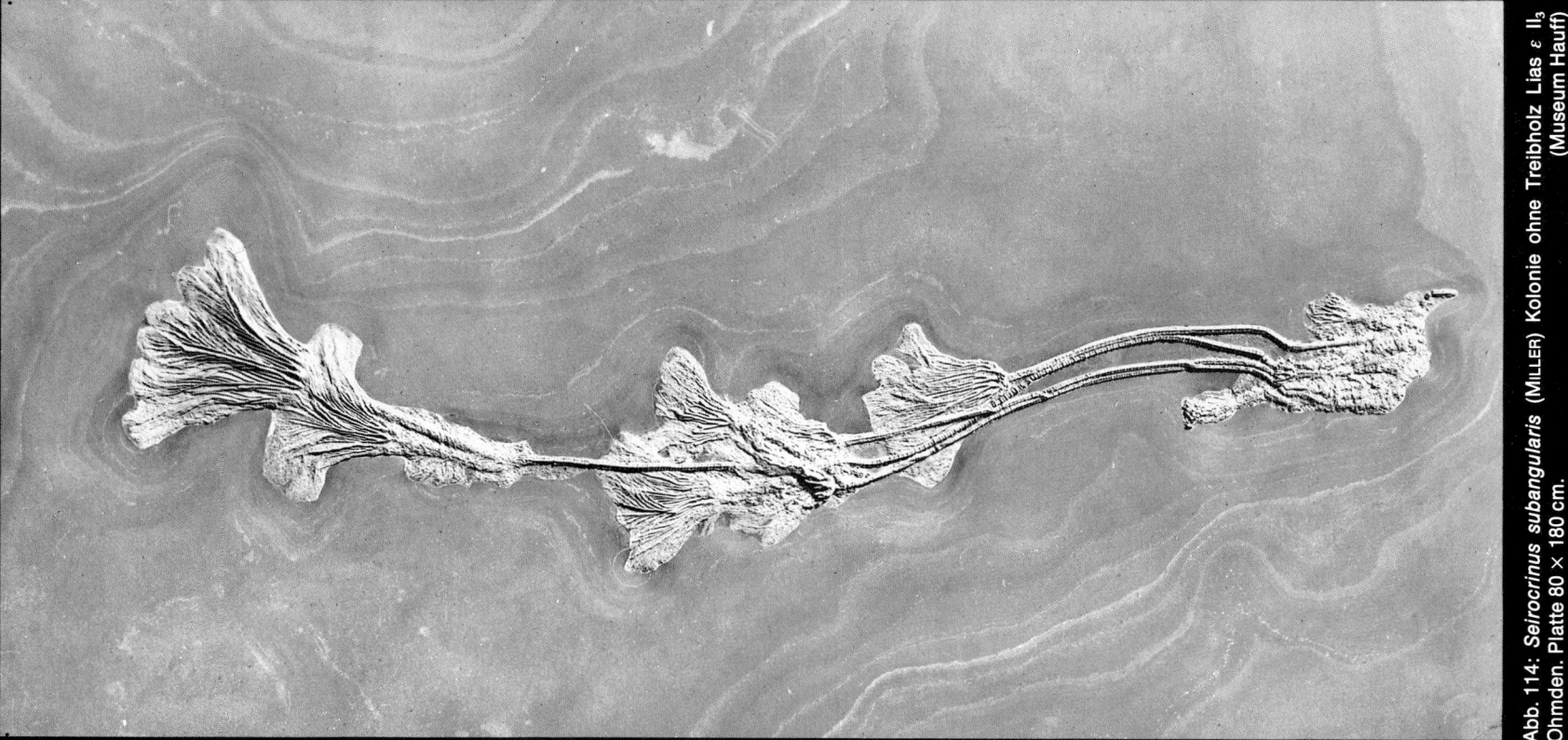

Abb. 114: *Seirocrinus subangularis* (MILLER) Kolonie ohne Treibholz Lias ε II₃ Ohmden. Platte 80 × 180 cm. (Museum Hauff)

Abb. 115:
Seirocrinus subangularis (MILL.)
Lias ε II$_3$ Holzmaden.
Kolonie auf Treibholz mit
Inoceramus dubius (Sow.)
Platte 250 × 260 cm.
(Frankfurt)

Abb. 116: *Seirocrinus subangularis* (Mill.) Lias ε II₃ Ohmden. Kolonie auf Treibholz mit *Inoceramus dubius* (Sow.) Platte 105 × 175 cm. (Privatbesitz)

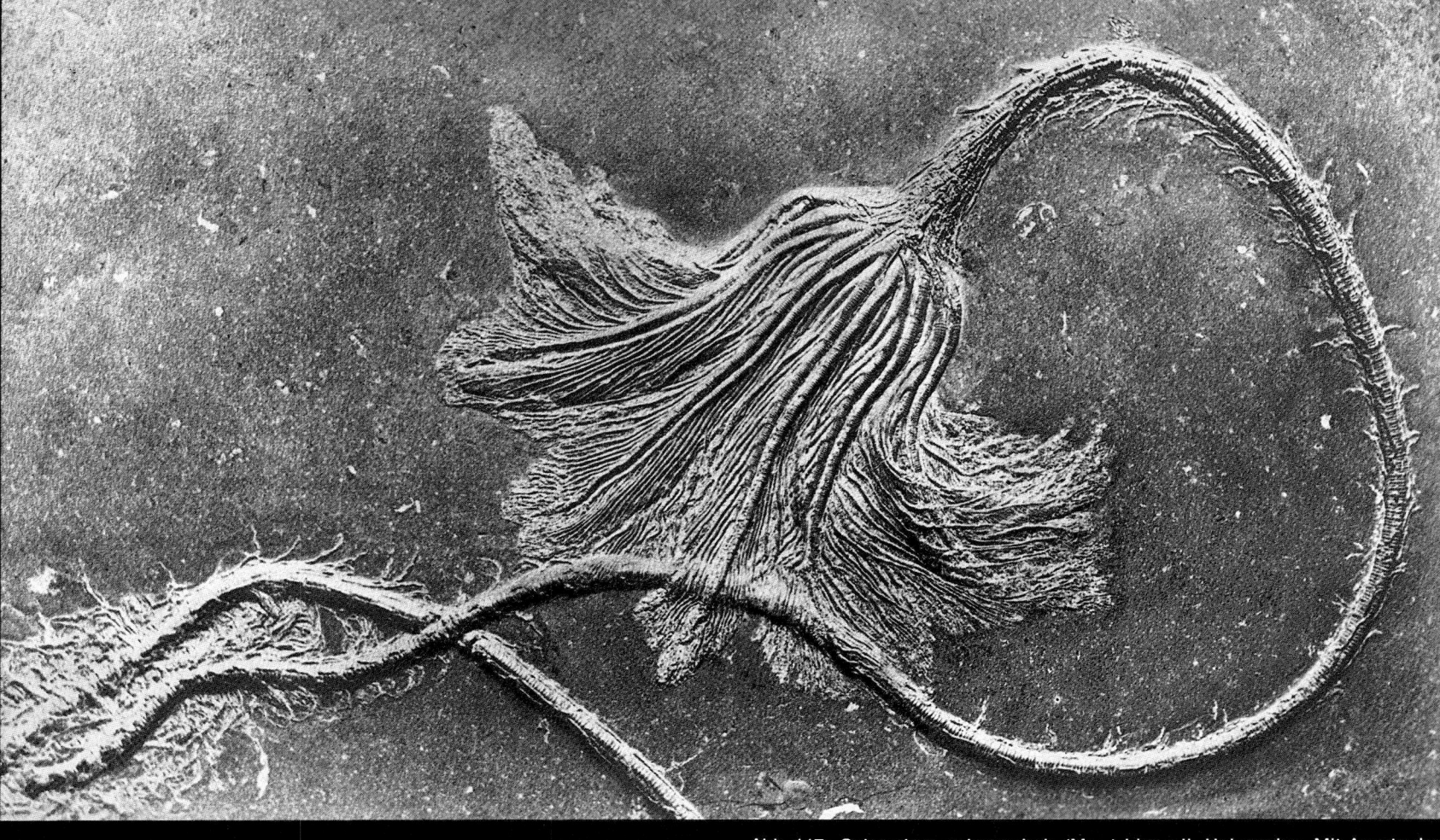

Abb. 117: *Seirocrinus subangularis* (MILL.) Lias ε II₃ Holzmaden. Mit Ansatz des Stieles. Platte 55 × 90 cm. (Privatbesitz, zerstört?)

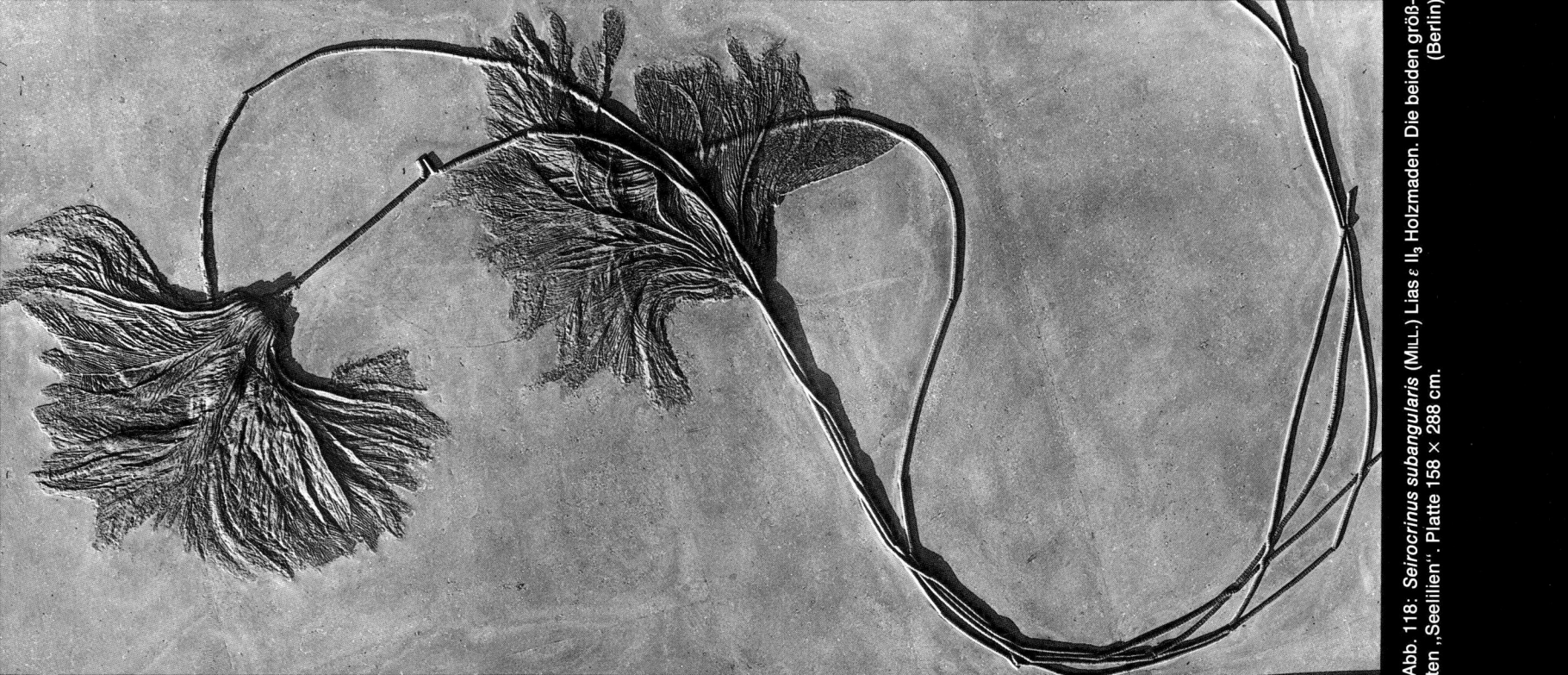

Abb. 118: *Seirocrinus subangularis* (Mill.) Lias ε II₃ Holzmaden. Die beiden größten "Seelilien". Platte 158 × 288 cm. (Berlin)

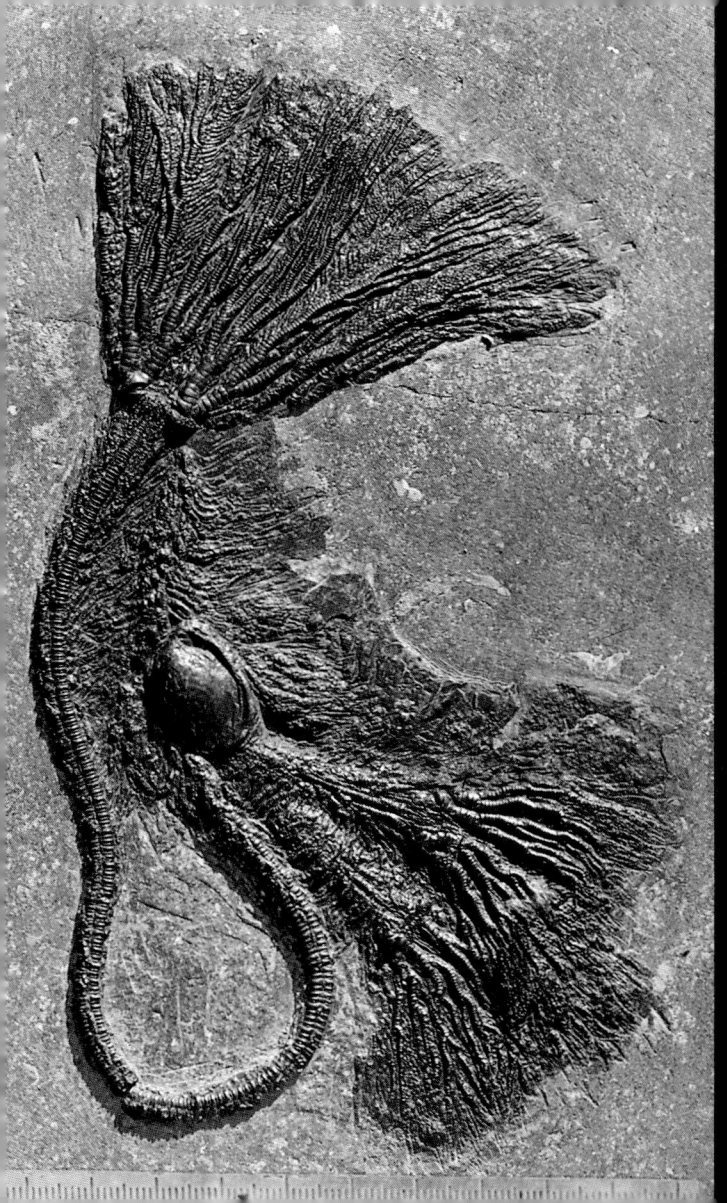

Abb. 120: *Pentacrinites briareus wuerttembergicus* (Qu.) Lias ε II$_6$ Holzmaden. Platte 16 × 18 cm. (Museum Hauff)

Abb. 119: *Seirocrinus subangularis* (Mill.) Lias ε II$_3$ Holzmaden. Kleinste Exemplare. Platte 13 × 23 cm.

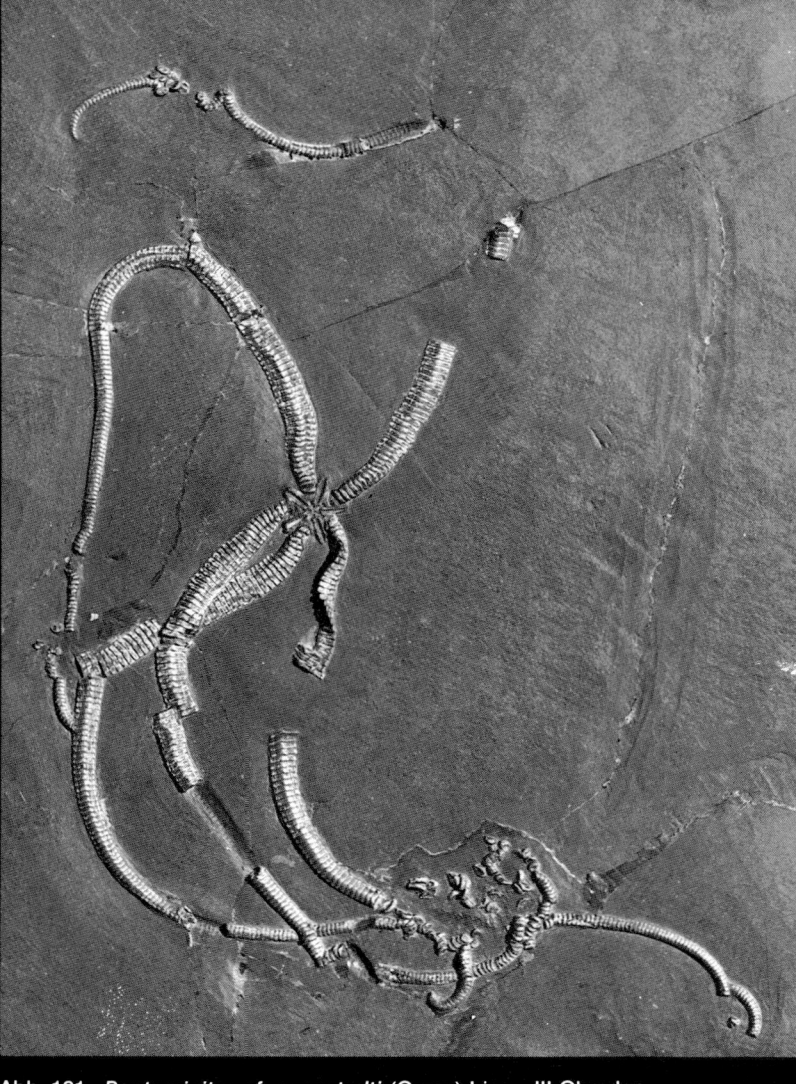

Abb. 121: *Pentacrinites cf. quenstedti* (OPPEL) Lias ε III Ohmden.
Platte 21,5 × 27 cm. (Museum Hauff)

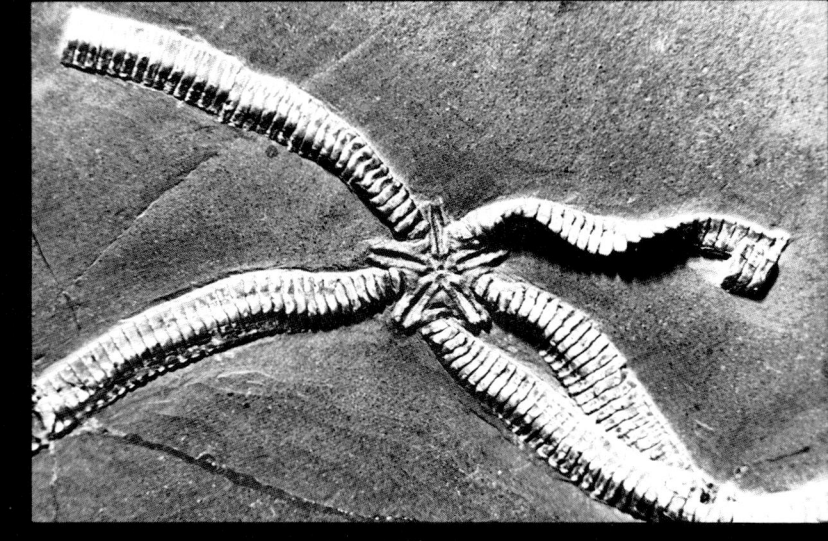

Abb. 122: Ausschnitt aus Abb. 121. Nodale.

Abb. 123: Ausschnitt aus Abb. 121. In Auflösung begriffene Cirren.

Mollusken (Weichtiere)

Die große Bedeutung, welche in den mesozoischen Sedimenten den Mollusken, sei es den Muscheln oder den so zahlreichen und vielgestaltigen Cephalopoden zukommt, tritt neben den Vertebraten in den Posidonienschiefern etwas zurück, obwohl im Vergleich zu anderen Ablagerungen die Häufigkeit auch hier groß sein kann. Denn bestimmte Horizonte des Lias ε enthalten lokal ganze Lager von Ammoniten, Belemniten oder Muscheln, und gerade an diese Vorkommen knüpft sich manches interessante Problem.

CEPHALOPODA (Kopffüßer)

Dibranchiata (Zweikiemer): Teuthoidea und Sepioidea, Belemnoidea

Teuthoidea und Sepioidea (Abb. 124–128):

Mit der Verlagerung der Schale ins Innere des Körpers (Endocochlia) wird deren schützende Funktion aufgegeben. Nach gründlicher Umgestaltung dient sie jetzt als innere Stütze des Körpers während schneller Bewegung und als Ansatzfläche der Muskulatur des „Mantels". Conchiolin mit eingelagerten Kalkplättchen sind die Baustoffe. Hand in Hand mit dem Verzicht auf die schützende Schalenhülle entwickeln diese Cephalopoden mit Hilfe des Muskelmantels und des Trichters eine hohe Beweglichkeit zu erfolgreicher Jagd auf Beute. Zugleich aber können sie sich in Verbindung mit der verschleiernden Funktion des Tintenbeutels durch blitzschnelle Flucht dem Gegner, vor allem Sauriern und Fischen, entziehen.

Unter den Dekapoden mit ihren gestielten und häkchenbewehrten Saugnäpfchen an den zehn Fangarmen haben die Posidonienschiefer wichtige Funde geliefert.

Teudopsis schübleri (QUENSTEDT) und *Teudopsis subcostata* (MÜNSTER) (Abb. 124). Letzterer seltener, beide aber in den gleichen Horizonten vorkommend, sind häufig kaum voneinander zu trennen. Diese plumpen Mesoteuthoideen haben unter den fossilen Tintenfischen die größte Ähnlichkeit mit heute lebenden Kalamaren, weshalb wir sie voranstellen. Sie sind charakterisiert durch blattähnliche, kaum verkalkte Schulpe. Ihre regelmäßige Streifung zeigt das Wachstum. Ein kräftiger Mediankiel, in dessen Nähe vom hinteren Ende aus radiär gerichtete Streifen zu erkennen sind, verstärkt den Schulp zusätzlich. Leider haben sich infolge der sehr glatten Oberfläche des Schulpes der Mantel und mit ihm alle Weichteile regelmäßig vor der Einbettung vom Schulp gelöst, sodaß wir bis heute nur diesen ohne alle Weichteile gefunden haben.

Von der Familie der Plesioteuthida kommt *Paraplesioteuthis sagittata* (MÜNSTER) als einziger von Mittel-Epsilon II$_4$ an durch ganz Mittel-Epsilon hindurch vor und bleibt auch in Ober-Epsilon noch. Diese Tiere dürften deshalb hier auch ihren Lebensraum gehabt haben. Der Schulp des selteneren *Geopeltis (Geoteuthidae) simplex* (VOLHARDT) ist etwas breiter gehalten. Der häufigere ist *Geoteuthis bollensis* (ZIETEN) = *Belopeltis aalensis* = *Loligosepia aalensis* (ZIETEN) (Abb. 125).

Hier sind auch Weichteile, besonders die kräftige Mantelmuskulatur, erhalten. Allen Geopeltiden ist im Gegensatz zu *Teudopsis* ein langgestreckter Schulp eigen, dessen vielerlei Variationen die vielfältige Gestalt der Tiere andeutet.

In neuerer Zeit hat der „Koblenzer (ε II$_1$)" und der „Tafelfleins (ε I$_2$)" prächtige Funde von *Phragmoteuthis conocauda* (QUENSTEDT 1849) mit Weichteilerhaltung geliefert, bei denen der Schulp oft noch in den herrlichsten Regenbogenfarben schillert (Abb. 126–128). Im „Koblenzer" wird außerdem eine bisher nicht beschriebene Art gefunden, die man zur Gattung *Bellemnoteuthis* rechnen muß und die mit den als *Acantoteuthis*-Arten der Solnhofer Plattenkalke beschriebenen Funde verwandt ist. Sie besitzt nur einen stumpfwinkligen Phragmokon. Der Schulp ist auf schmale Relikte reduziert.

Für alle Teuthoidea aber ist die Zeit des Lias ε hinsichtlich ihrer Entwicklung besonders bedeutsam, umso wichtiger sind die Funde aus den Posidonienschiefern.

Abb. 124: *Teudopsis subcostata* (MÜNSTER) 30 cm lang Lias ε II$_3$ Holzmaden.
(Museum Hauff)

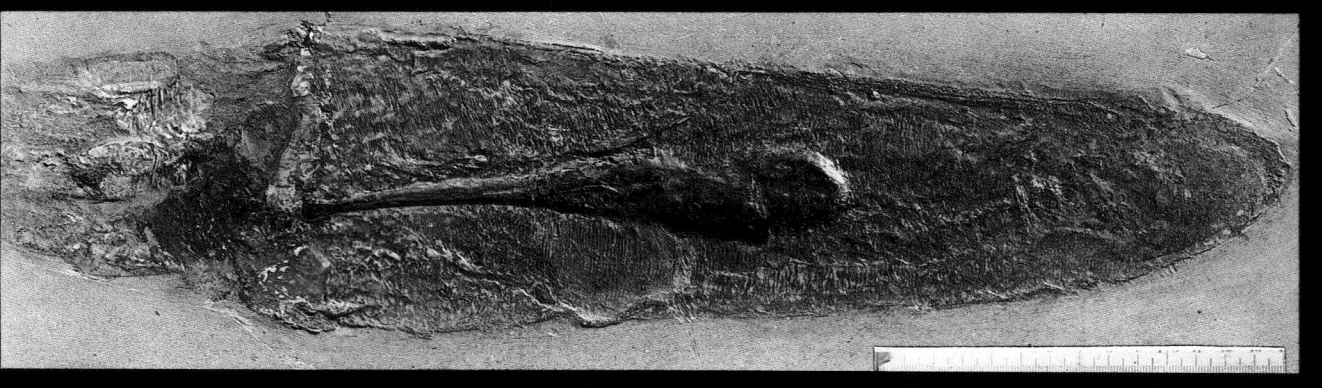

Abb. 125: *Loligosepia aalensis* (ZIETEN) 44 cm lang Lias ε II$_4$ Holzmaden.
(Museum Hauff)

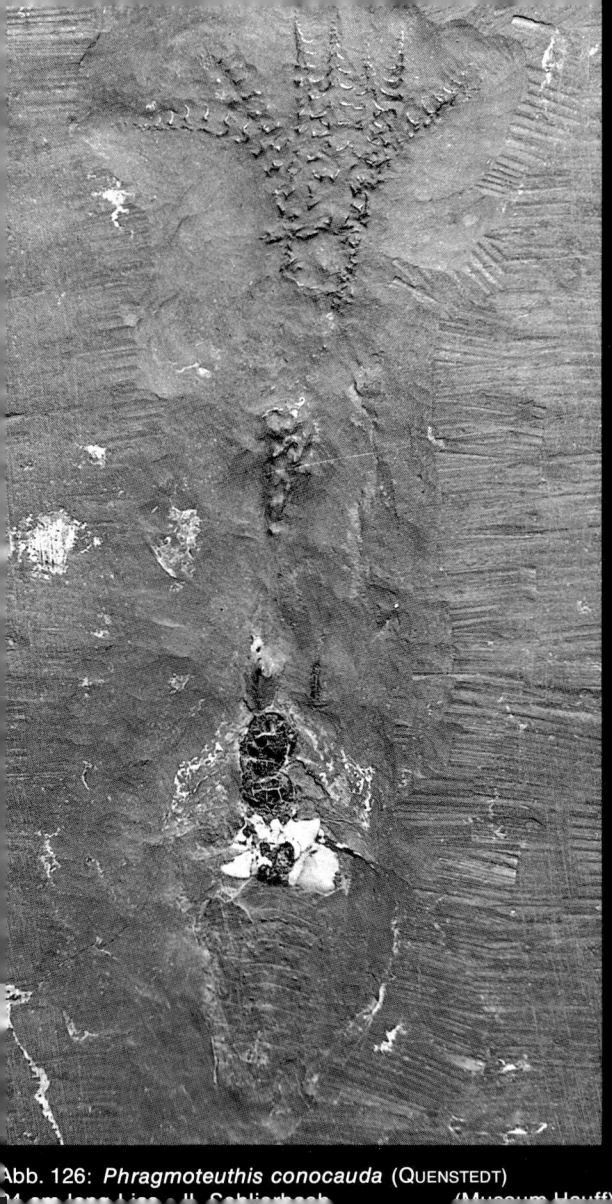

Abb. 127. Armkrone v.
Phragmoteuthis conocauda (Qu.)
Ausschnitt aus Abb. 126.
ca. nat. Größe.
Lias ε II$_4$ Schlierbach.
(Museum Hauff)

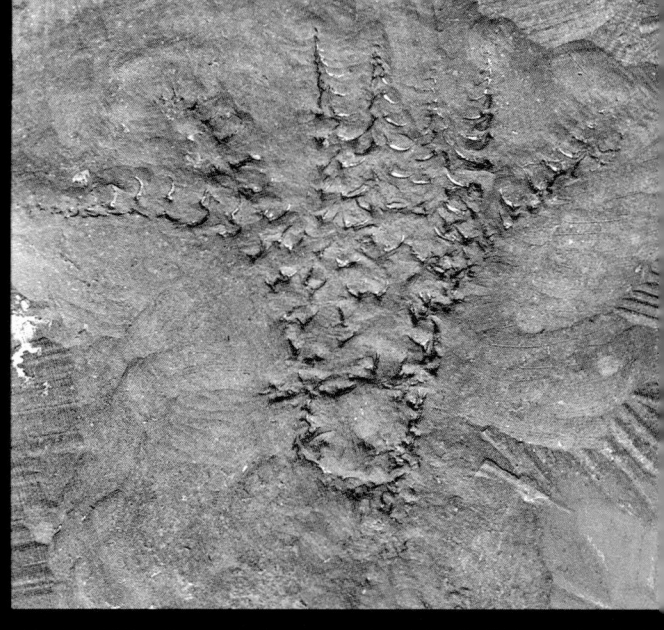

Abb. 128:
Phragmoteuthis conocauda (Qu.)
Armkrone mit Weichteil Platte
13 × 13 cm Lias ε II$_1$ Schlierbach.
(Museum Hauff)

Abb. 126: *Phragmoteuthis conocauda* (QUENSTEDT)

Belemnoidea (Abb. 129–143):

Wenn wir schon bei den Teuthoidea unter den Dibranchiaten auf den kümmerlichen Anteil des fossilen im Vergleich zum lebenden Tier hinweisen mußten, so noch weit mehr bei den Belemnoideen. Denn was hier allermeist erhalten geblieben ist, zeigt nur einen Teil der inneren Schale, welche lange Zeit problematisch genug war. Wohl wurden diese „Donnerkeile", und wie sie im Volksmund sonst noch heißen, bald als Rostren von Verwandten der Tintenfische erkannt (Abb. 129), doch konnte erst die Arbeit von Naef (1922) Klarheit über den Aufbau der Schale schaffen und sie im einzelnen in Beziehung zu den Elementen der Tintenfischschulpe fossiler und rezenter Gattungen bringen. Seit dem vorigen Jahrhundert bis in die jüngste Zeit hielten, aus Belemnitenrostren und den Weichteilen von anderen Tintenfischen geschickt zusammengefügte, also gefälschte Gebilde, als sogenannte, vollständige Belemnitentiere, die Paläontologen zum Narren. Nun liegen neuerdings einige echte Belemnitenfunde vor, die den Phragmokon, den Tintenbeutel und Reste von zehn fanghakenbewehrten Armen erkennen lassen. Das am besten erhaltene Exemplar (Abb. 130) besitzt ein 10 cm langes Rostrum mit zerbrochener, möglicherweise zerbissener Alveole. Zwei verknorpelte Stäbe begrenzen hellbraun erhaltene Muskelsubstanz, die stellenweise gestreift erhalten ist, und Phragmokonscherben einbettet. Von der Fanghakenkrone sind vier Arme teilweise erhalten. Die kleinen Haken sind im proximalen Teil zerdrückt, wahrscheinlich waren sie hohl, und gehen in einem Winkel von etwa 50 Grad in eine massive Spitze über. An der Innenseite der Haken befindet sich ein kleiner Widerhaken. Im unteren Teil der Fanghakenkrone liegt ein besonders großer Haken. Er ist zerdrückt und hat eine stark verbreiterte Spitze. Vielleicht handelt es sich dabei um ein Festhalteorgan beim Beutefang. Durch den großen Unterschied im spezifischen Gewicht zwischen dem kompakten, schweren Hartteil und den voluminösen Weichteilen hat sich vielleicht bei der vom Meeresgrund in die oberen Wasserzonen aufgetriebenen Tierleiche im Zuge der Verwesung das Rostrum von den Weichteilen gelöst und ist früher abgesunken, während die gallertartigen Weichteile noch länger an der Oberfläche trieben, bevor sie sich entweder aufgelöst haben oder in mehr oder weniger verwesem Zustand ebenfalls gesunken sind und eingebettet wurden, ohne sichtbare Spuren zu hinterlassen. Nur wenn der Auftrieb der zum Meeresgrund abgesunkenen Tierleiche durch Zerbeißen oder andere Zerstörung der Luftkammern verloren ging, konnten in seltenen Fällen auch die organischen Überreste am Meeresgrund bleiben und schnell genug eingebettet werden, ehe sie vergingen. Wir haben in den Belemniten mehr oder weniger schlanke Dekapoden mit zehn hakenbewehrten Fangarmen und Tintenbeutel vor uns. Ihr kegelförmiger, fester, luft- oder flüssigkeitsgefüllter hinterer Teil diente als Schutz- und Gleichgewichtsorgan. Ob die zahlreichen Unterschiede der Form und Masse des Endteils auch am lebenden Tier das auffallendste und wichtigste Unterscheidungsmerkmal war, ist umstritten.

Sicherlich aber war die Mannigfaltigkeit der Gestalt des ganzen Belemnitentieres ähnlich groß wie die ihrer Rostren. Die Oberfläche dieser Rostren ist am wohlerhaltenen Fossil stets ganz glatt und man hat daraus geschlossen, daß sie mit einer Art Cuticula überzogen war. Ihre Form gibt uns wohl auch einen Anhalt über das ganze Tier dergestalt, daß kurze, breite Rostren plumperen, die langen, schlanken mehr gestreckten Belemniten angehört haben. Im übrigen beweist die komplizierte Systematik, der wir kaum zu folgen vermögen, zum mindesten die große Mannigfaltigkeit. Wir erkennen gerade im mittleren und oberen Lias einen Höhepunkt der Entfaltung. Nur eine ganz strenge Horizontierung, für die die Arbeiten von Bernhard Hauff immer wieder beispielgebend sind, schafft die sichere Voraussetzung und Gewähr, eine Entwicklung überhaupt zu erfassen und zu verfolgen. Sie gerade zwingt uns auch zuzusehen, daß die Masse der möglichen und tatsächlich vorhandenen Entwicklungsstadien sich systematisch kaum fixieren läßt. Nach dem Vorkommen in den einzelnen Horizonten (Profiltafel) lassen sich vier Formenkreise unterscheiden:

I. Plumpere, massigere Rostren mit stumpfen Spitzen und zwei Spitzenfurchen, nur in Unterepsilon (*Passaloteuthis paxillosa* (Schlotheim 1820) mit Varietäten). (Abb. 130–132)
II. Schlankere, scharf zugespitzte, kegelförmigere Rostren mit drei Spitzenfurchen (Acrocoelites, mit *Acrocoelites raui* (Werner 1912), *A. ilminstrensis* (Phillips 1867), *A. oxyconus* (Zieten 1830) (Abb. 133–136, 139, 140). Die Angehörigen dieser Gruppe faßte man früher einfach unter *Belemnites tripartitus* (Schlotheim) zusammen (Mittelepsilon – Oberepsilon).
III. Sehr schlanke, lange, stabförmige Rostren mit drei Spitzenfurchen und teilweise einer inneren Zweiteilung in ein massives Jugend- und ein hohles, stark verlängertes Altersstadium (Youngibelus, mit *Youngibelus tubularis* (Young & Bird 1828) und *Y. gigas* (Quenstedt 1849) Mittelepsilon – Oberepsilon). (Abb. 137, 138, 141)
IV. Seitlich stark abgeflachte, stumpf endende Rostren mit sehr hochovalem Querschnitt, wenig schlanker Gestalt und drei rückgebildeten Spitzenfurchen (Dactyloteuthis, mit *Dactyloteuthis incurvata* (Zieten 1830), *D. wrighti* (Oppel 1856) (Oberepsilon). Der bekannteste Vertreter dieser Gattung, *Dactyloteuthis irregularis* (Schlotheim 1813) (*digitalis* Blainville 1827), ist jedoch überwiegend auf den Lias ζ (zeta) beschränkt. (Abb. 142)

Die Belemnoideen waren Nekton – Tiere, deren Lebensraum auf die oberen Wasserzonen beschränkt war (Naef 1922).

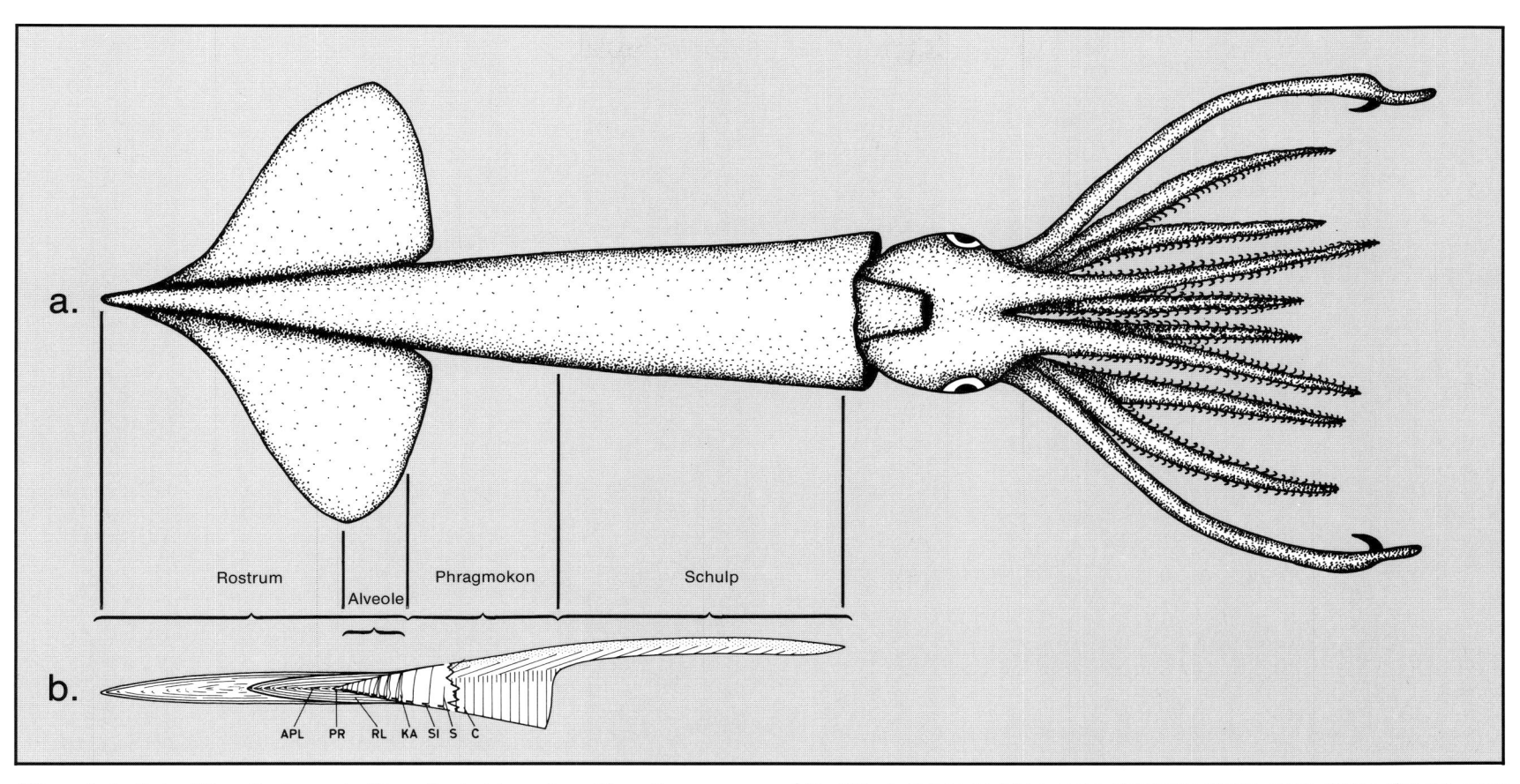

APL = Apikallinie, PR = Protoconch, RL = Rostral-Lamellen, KA = Kammer, SI = Sipho, S = Septum, C = Conothek

Abb. 129: a. Rekonstruktion eines Belemnitentieres nach RIEGRAF/HAUFF unter Verwendung des rezenten *Gonatus fabricii* (LICHTENSTEIN) aus dem Nordatlantik. (Dorsalansicht)

b. Längsschnitt durch Rostrum, Phragmokon und Schulp eines Belemniten. Sie dienten als Innenskelett zur Stütze des Weichkörpers. Fossil erhalten bleibt allermeist nur das Rostrum. Die Größenverhältnisse von a und b entsprechen sich. Umgezeichnet nach SPAETH (1975) (aus LEHMANN, 1976, S. 35, Enke-Verlag Stuttgart). (Lateralansicht)

Abb. 130: *Passaloteuthis paxillosa* (Schlotheim) Belemnit mit 10 cm langem Rostrum, Weichteilen (!), und 2,6 cm langem Haken im unteren Teil der Fanghakenkrone; leg. D. Weber Rechberghausen Gesamtlänge 30 cm Lias ε II$_1$. Schlierbach. (Museum Hauff)

Abb. 131: *Passaloteuthis paxillosa* (Schlotheim) Lias ε II$_6$ Holzmaden. (Museum Hauff)

Abb. 132: *Passaloteuthis paxillosa* (Schlotheim) Lias ε II$_1$ Holzmaden. (Museum Hauff)

Abb. 133: *Acrocoelites raui* (Werner) Lias ε II$_6$ Holzmaden. (Museum Hauff)

Abb. 134: *Acrocoelites raui* (Werner) Lias ε II Holzmaden. (Museum Hauff)

Abb. 131 Abb. 132 Abb. 133 Abb. 134

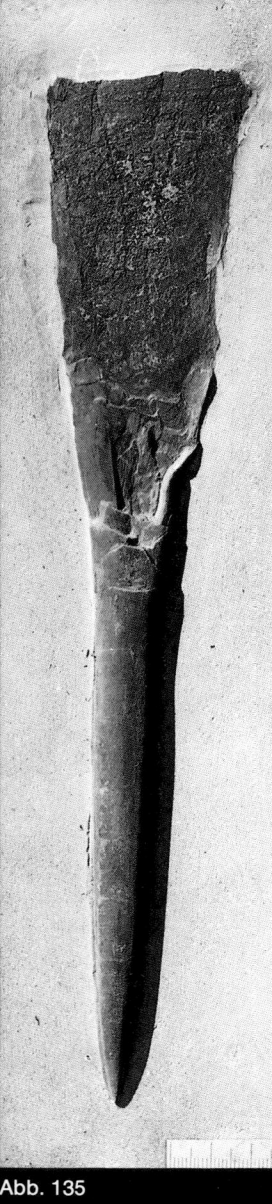

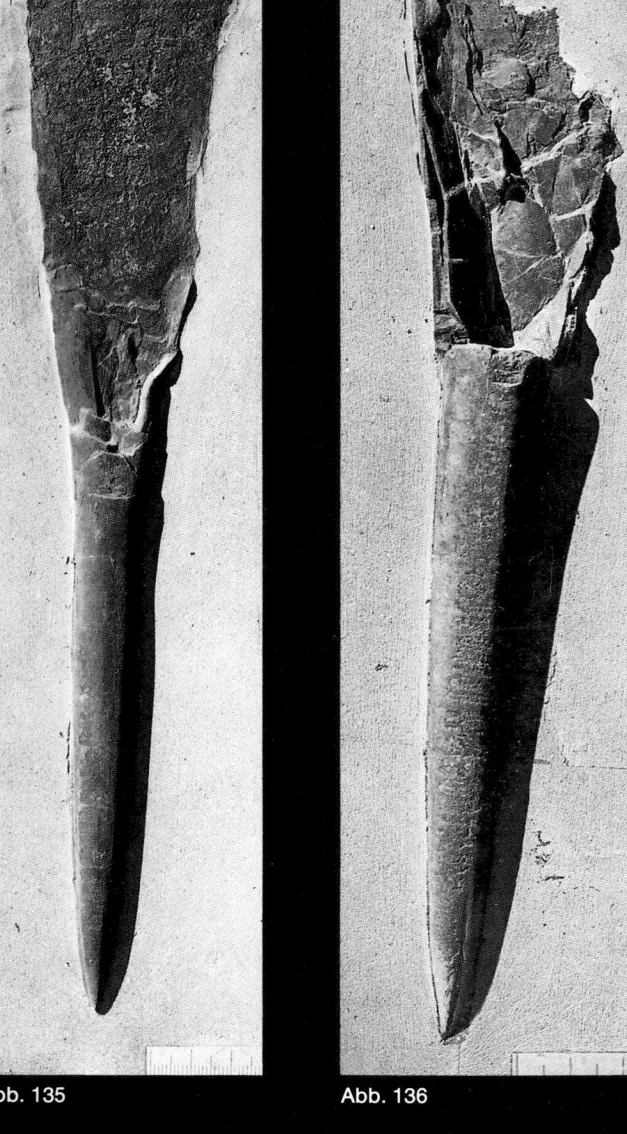

Abb. 135  Abb. 136  Abb. 137 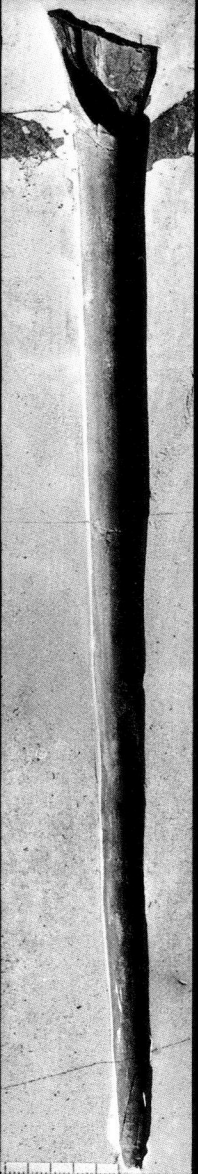 Abb. 138

Abb. 135:
Acrocoelites raui (Werner) Lias ε II$_9$
Holzmaden. (Museum Hauff)

Abb. 136:
Acrocoelites raui (Werner) Lias ε II$_6$
Holzmaden. (Museum Hauff)

Abb. 137:
Youngibelus gigas (Quenstedt)
Lias ε II$_{11}$ Holzmaden.
(Museum Hauff)

Abb. 138:
Youngibelus gigas (Quenstedt)
Das längste bekannte Exemplar.
Lias ε II$_{11}$ Holzmaden.
(Museum Hauff)

Abb. 139

Abb. 140

Abb. 141

Abb. 142

Abb. 139: *Acrocoelites sp.* Lias ε II₃ Holzmaden.
(Museum Hauff)

Abb. 140: *Acrocoelites sp.* Lias ε III Holzmaden.
(Museum Hauff)

Abb. 141: abgebrochenes Jugendstadium von *Youngibelus gigas* (Qu.) Lias ε II₁₂ Holzmaden.
(Museum Hauff)

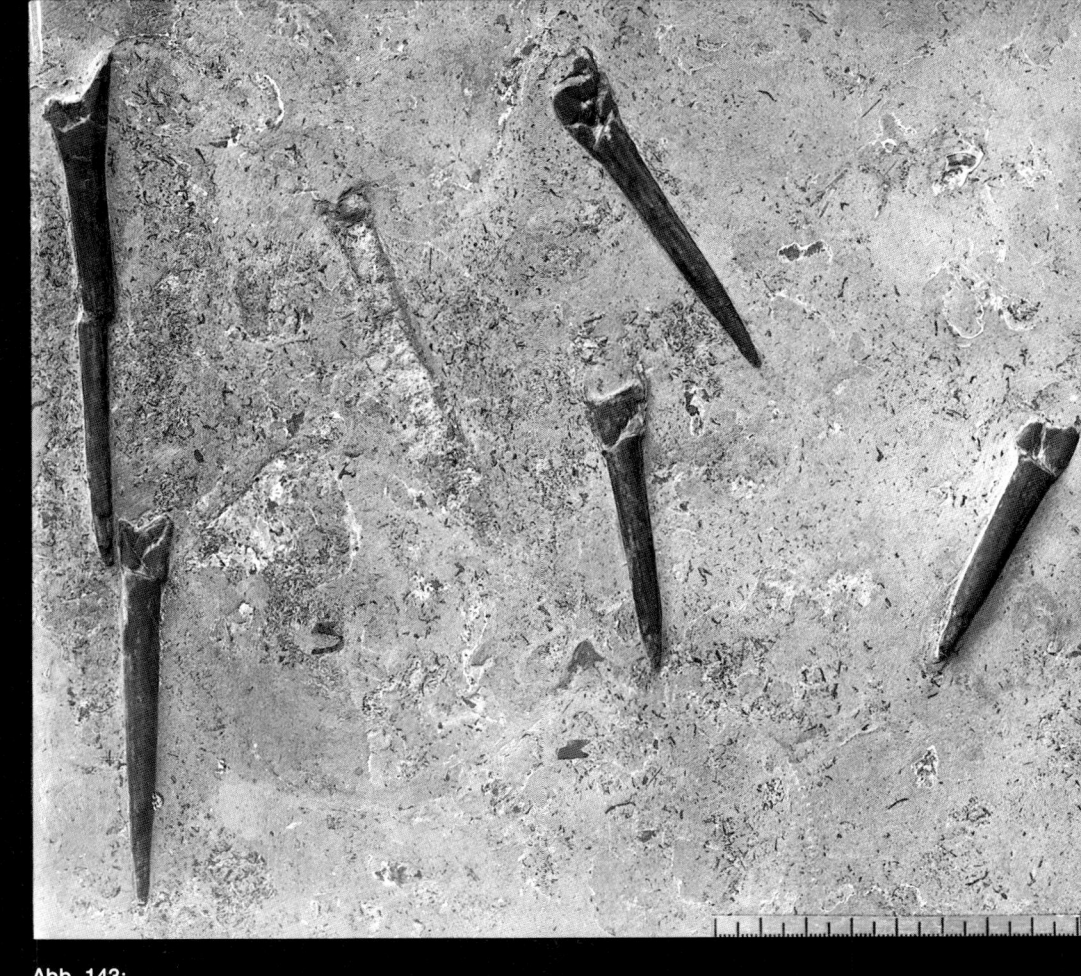

Abb. 143:
Youngibelus gigas Qu.) links, *Acrocoelites sp.* Mitte und Jugendstadium von *Youngibelus gigas* Qu.) rechts zusammen auf einer Platte eingebettet. Lias ε II₁₁ Holzmaden.
(Museum Hauff)

TETRABRANCHIATA (Vierkiemer) Nautiloidea und Ammonoidea

Nautiloidea (Abb. 144, 145)

Aus unseren Posidonienschiefern sind bisher zwei Arten der Nautiloideen bekannt. Sie gehören beide zu der im süddeutschen Lias sehr verbreiteten Gattung *Cenoceras*. Im „Fleins" und im „Unteren Schiefer" (II_3-II_4) findet sich *Cenoceras sp.* (Abb. 145), eine glatte Form mit leicht hochovalem Querschnitt. Sie zeigt nur Anwachsstreifung.

Ab dem „Oberen Stein" (II_8) und im Oberepsilon (III) kommt eine noch etwas größere Art, *Cenoceras cf. astacoides* (YOUNG & BIRD 1828), vor, die vor allem auf dem Rücken und auf der äußeren Flankenhälfte deutliche Spiralstreifen trägt, die zusammen mit den Anwachsstreifen ein gitterartiges Muster ergeben. Der Windungsquerschnitt ist quadratisch und ziemlich aufgebläht.

Ein heute noch lebender Verwandter der ausgestorbenen Ammoniten ist der Nautilus. Seine Schale ist wie bei den Ammoniten in Wohnkammer und gekammertem Phragmokon mit Sipho aufgeteilt. Er besitzt eine gerade Lobenlinie und nicht wie die jurassischen Ammoniten eine Zerschlitzung der Loben und Sättel.

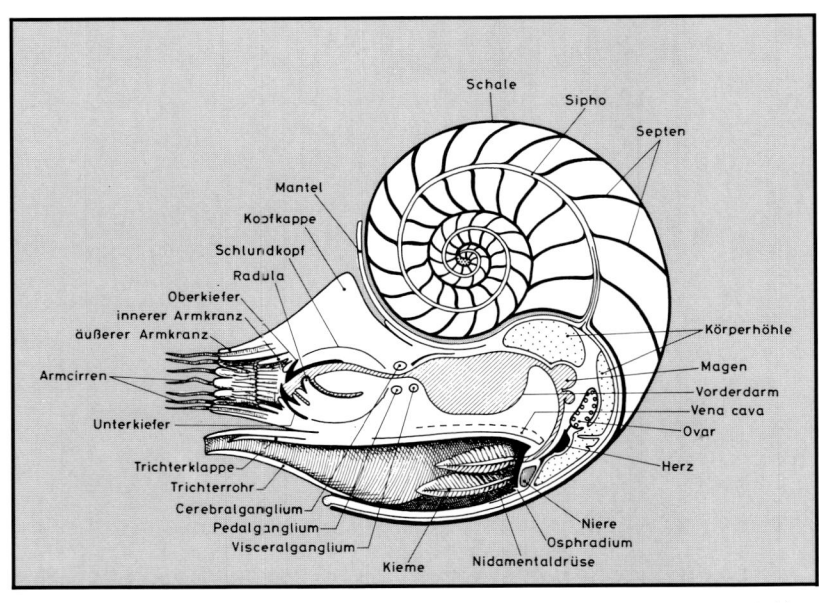

Abb. 144 Medianschnitt durch einen rezenten Nautilus. Umgezeichnet nach NAEF (1922) (LEHMANN 1976 S. 7 Enke Verlag Stuttgart)

Ammonoidea (Abb. 146–170)

In der Juraformation sind die Ammoniten die bekanntesten Petrefakten. Diese Mollusken, Cephalopoden (Tintenfisch-Verwandte) tragen wie die Schnecken eine größtenteils aus Kalk aufgebaute äußere Schale, welche aber zentrisch in einer Ebene eingerollt ist. Der Weichkörper des erwachsenen Tieres befindet sich nur im vorderen Gehäuseraum, der Wohnkammer. Nach rückwärts werden durch eingebaute Scheidewände Schottenkammern gebildet. Die Naht zwischen Kammerscheidewand und Schale ist die sogenannte Lobenlinie. Die Schottenkammern sind flüssigkeits- oder gasgefüllt und durch einen in einer Röhre (Sipho) verlaufenden Strang aus organischem Gewebe mit dem Weichkörper verbunden. Die Auftriebskraft kann von der Wohnkammer aus reguliert werden. Die Schwimmbewegung dürfte – wie bei den heute noch lebenden Tintenfischen und bei Nautilus – durch Wasserausstoß nach dem Rückstoßprinzip erfolgt sein. Unsere Kenntnis über die Lebensweise der seit der Kreidezeit völlig erloschenen Ammoniten stützt sich auf die Beobachtung des verwandten, jedoch etwas einfacher gebauten Nautilus, der als lebendes Fossil noch heute im Indischen Ozean vorkommt. Von den Ammoniten unseres Lias ε kennt man neuerdings zahlreiche Funde mit erhaltenen Weichteilen in der Wohnkammer – überwiegend Reste des Schlundes (Kropf) und des Magens. Nach der Größe der Wohnkammer von einem halben bis mehr als einem ganzen Gehäuseumgang zu schließen, war der Weichkörper bei einzelnen Ammonitengattungen recht verschieden. Beim Gehäuse der Ammoniten liegt der Schwerpunkt so, daß in Schwimmstellung die Wohnkammer nach unten gerichtet ist. Die Ammoniten, vom Devon bis zur Kreidezeit bekannt, haben stets in rascher Folge eine ungewöhnliche Vielfalt entwickelt. Sie gehören deshalb zu den wichtigsten „Leitfossilien" d. h. für die sie umschließenden Sedimente typischen Fossilien, die eine Altersbestimmung zulassen.

Die Ammonitengehäuse in den Posidonienschiefern sind meist als ganz flache, plattgedrückte Scheiben erhalten. Nur in einigen Kalkbänken und Konkretionen finden wir gelegentlich unzerdrückte, körperlich erhaltene Ammonitengehäuse. Die besonderen chemischen Verhältnisse am Meeresgrund führten zu bevorzugter Lösung des Kalkes in den Schalen, deren organische Restsubstanz papierdünn zur Silhouette zusammensank. Das Vorkommen in den einzelnen Schichten geht aus der Profiltafel hervor, nicht aber die wichtige lokale Verschiedenheit der Ammonitenfauna, die sich mit aus dem Fehlen bestimmter Schichten an den einzelnen Fundorten ergeben. Darüber stehen genauere Aufzeichnungen in den „Untersuchungen der Fossilfundstätten..." von BERNHARD HAUFF 1921. Die Ammoniten des Lias ε sind individuen-, aber nicht besonders artenreich. Wir unterscheiden folgende Hauptgruppen:

Phylloceratidae
Phylloceras heterophyllum (Sowbery 1820) (Abb. 146)
Phylloceras pompeckji Hug 1898

Bei *Phylloceras* umfassen die äußeren Windungen weitgehend die inneren, so daß ein enggenabeltes Gehäuse entsteht. Der Windungsquerschnitt ist hochoval. Bei der im Lias ε auftretenden *Ph. heterophyllum* (Sowerby) stehen die einfachen, feinen Rippen sehr dicht. Die Loben sind — wenn erkennbar — durch blattförmig zerschlitzte Sättel gekennzeichnet. *Ph. pompeckji* Hug ist ähnlich, jedoch kleinwüchsiger und besitzt je Windung 6–8 Schalenverdickungen bzw. Einschnürungen.

Lytoceratidae
Lytoceras siemensi (Denckmann 1887) (Abb. 147, 148)
Lytoceras ceratophagum (Quenstedt 1885)
Lytoceras trautscholdi (Oppel 1862) (Abb. 149)
Lytoceras cornucopia (Young & Bird 1822)

Lytoceras besitzt einen runden bis leicht ovalen Windungsquerschnitt. Die Windungen umfassen sich kaum, so daß die inneren gut sichtbar sind (evolut). Die Oberflächenskulptur wird von einfachen, feinen, am Hinterrand gekräuselten Rippen gebildet, die bei manchen Arten von windungsparallelen Spiralstreifen gekreuzt werden — Gitterskulptur (*L. ceratophagum, L. cornucopia*). Alte Mundränder können rückwärtig fimbriierte Wülste bilden (*L. cornucopia*). Leicht ausgebogene, periodisch auftretende Schalenwülste finden sich bei *L. siemensi, L. ceratophagum* und *L. trautscholdi*.

Dactylioceratidae
Dactylioceras crosbeyi (Simpson 1843) (Abb. 151)
Dactylioceras semicelatum (Simpson 1843)
Dactylioceras semiannulatum Howarth 1978 (Abb. 152)
Dactylioceras crassiusculosum (Simpson 1855)
Dactylioceras commune (Sowerby 1815) (Abb. 150, 153, 154)
Nodicoeloceras crassoides (Simpson 1855) (Abb. 155)
Nodicoeloceras acanthus (d'Orbigny 1842)
Peronoceras fibulatum (Sowerby 1823) (Abb. 156)
Catacoeloceras crassum (Young & Bird 1828)

In jüngster Zeit erfolgte eine größere Differenzierung der alten Sammelnamen *D. commune* und *D. annulatum*. Die Unterscheidung erfolgt aufgrund unterschiedlicher Gehäusemaße und verschiedener Berippung. Die Bestimmung wird durch Vergleiche unserer schwäbischen Jura-Ammoniten mit solchen Frankens, Norddeutschlands und Englands ermöglicht.

Die *Dactylioceratidae* sind kleine bis mittelgroße, vorwiegend weitgenabelte Formen mit feinen, charakteristischen Spaltrippen. Eine der häufigsten Arten der Holzmadener Gegend ist *Dactylioceras commune* (Sowerby). Er besitzt die typischen, im Alter weitständigen Spaltrippen und einen kreisrunden Querschnitt. Im oberen Lias ε sind deutlicher bedornte Formen mit anderer Rippenausbildung häufig (*Peronoceras fibulatum* (Sowerby 1823)).

Arieticeratinae
Protogrammoceras paltum (Buckman 1922) (Abb. 157)

Die Art ist ein letzter Nachzügler der im Mittellias wichtigen Gattung. Das Gehäuse ist mäßig weitnablig, mit hochovalem Querschnitt, schwächer geschwungenen Sichelrippen und einem deutlichen Kiel.

Hildoceratinae
Hildoceras levisoni (Simpson 1843)
Hildoceras serpentinum (Reinecke 1818) (Abb. 158)
Hildoceras subserpentinum (Buckman 1921) (Abb. 159)
Hildoceras kiliani (Haug 1884)
Hildoceras sublevisoni Fucini 1919 (Abb. 160, 161)
Hildoceras bifrons (Bruguière 1789)
Hildoceras semipolitum Buckmann 1902

Die *Hildoceratinae* sind weitnablige bis mäßig engnablige Formen mit vorwiegend kräftig geschwungenen Rippen. Diese werden durch eine Spiralfurche auf der Flanke unterbrochen oder auf der Flankenmitte etwas abgeschwächt. Querschnitt, Lage der Spiralfurche und die Art der Berippung ist maßgebend für die Arteinteilung. Meist ist die Berippung außerhalb der Flankenfurche kräftiger als innerhalb, wo sie auch ganz fehlen kann. Der Sipho liegt im ganzen Gehäuse im Kielraum, dem ein Kielboden fehlt. Der Rücken trägt neben dem Kiel fast immer zwei Nebenfurchen und zwei Nebenkiele.

Harpoceratinae
Tiltoniceras antiquum (Wright 1883) (Abb. 163, 166)
Eleganticeras elegantulum (Young & Bird 1828) (Abb. 162, 164)
Harpoceras exaratum (Young & Bird 1828) (Abb. 165)
Harpoceras elegans (Sowerby 1815)
Harpoceras falcifer (Sowerby 1820) (Abb. 167)
Harpoceras subplanatum (Oppel 1856)
Pseudolioceras lythense (Young & Bird 1828)

Die *Harpoceratinae* sind dünnschalige, scharf bekielte Formen mit schmalem, hochelliptischem Querschnitt und ausgeprägten Sichelrippen, deren Knick im Laufe der Entwicklung der Gattung stärker wird. Die *Harpoceratinae* besitzen überwiegend einen Hohlkiel, d.h. die von ihm überwölbte Schalenausbuchtung steht mit der Wohnkammer in offener Verbindung. Über dem gekammerten Teil des Gehäuses ist der Kielraum jedoch durch einen Boden vom übrigen Kammerraum getrennt. Der Sipho verläuft an der Innenseite des Kielbodens.

Früher nannte man fast alle engnabeligen, weniger stark berippten *Harpoceratinae* des Posidonienschiefers *Pseudolioceras lythense*, die stärker berippten, weitnabligeren Formen *Harpoceras exaratum, H. capellinum* (SCHLOTHEIM) oder *H. mulgravium* (YOUNG & BIRD).

Aptychen (Abb. 168, 169)

Alle *Hildoceratidae* besitzen ein kräftiges, durch Kalkeinlage verstärktes paariges Organ, die Aptychen, die man heute als Unterkiefer deutet. Die Oberkiefer sind dünner, zierlicher und wegen ihrer Vergänglichkeit selten erhalten. Man hielt die Aptychen früher für den Schließdeckel der Schale, bis vor allem LEHMANN den Aptychus als eine Art Kiefer des Ammoniten bezeichnete, eine derzeit fast ausnahmslos anerkannte Deutung. Der Ammonit soll damit, am Meeresboden schürfend, nach Nahrung gesucht haben. Wie dies aber gerade im Posidonienschiefermeer mit seinen zumindest zeitweise schlecht durchlüfteten Bodenzonen und dem feinen Faulschlamm möglich gewesen sein soll, ist kaum vorstellbar. Ganz abgesehen davon dürfte ein so vergifteter Schlamm kaum Nahrung für Ammoniten enthalten haben. Nur wenn wir annehmen würden, daß alle hier vorkommenden Ammoniten nicht hier gelebt, sondern ihre Schalen durch Meeresströmungen eingeschwemmt sind, wären die Widersprüche behoben. Dafür gibt es jedoch keine Hinweise, höchstens für ein Massenvorkommen in Ober-Epsilon. Ansonsten halten sich die wenigen Arten in Auftreten und Verschwinden streng an die Grenzen der Feinschichtung.

Anaptychen (Abb. 170)

Die *Phylloceratidae* und *Lytoceratidae* besaßen an Stelle der paarigen Aptychen ein einteiliges halbkreisförmiges Organ aus horniger Substanz, das man im Posidonienschiefer gelegentlich findet. Man nennt es *Anaptychus*.

Abb. 145: *Cenoceras sp.* (NAUTILIDE) Durchmesser 23 cm Lias ε II$_3$ Holzmaden.
(Museum Hauff)

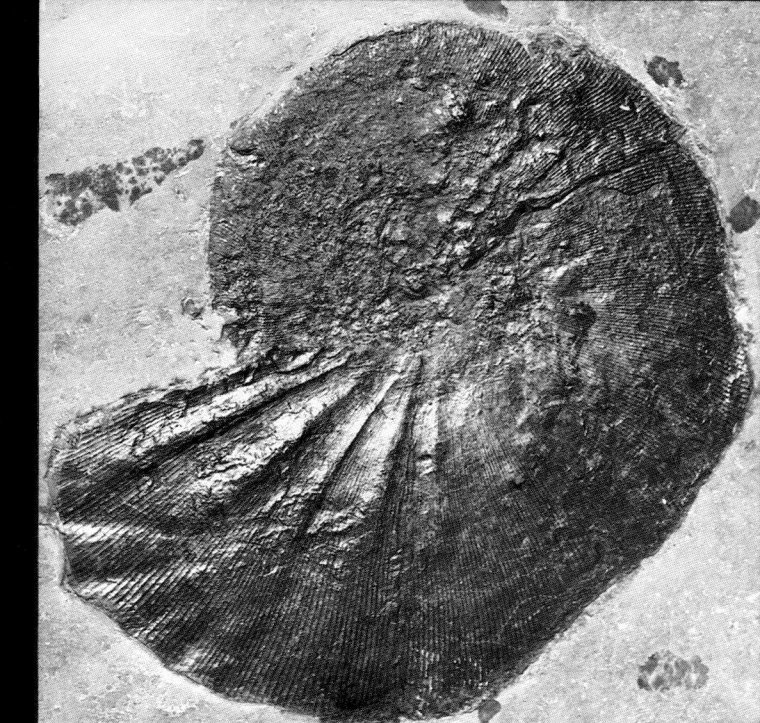

Abb. 146: *Phylloceras heterophyllum* (SOW.) Durchmesser 29 cm Lias ε II$_4$ Holzmaden.
(Museum Hauff)

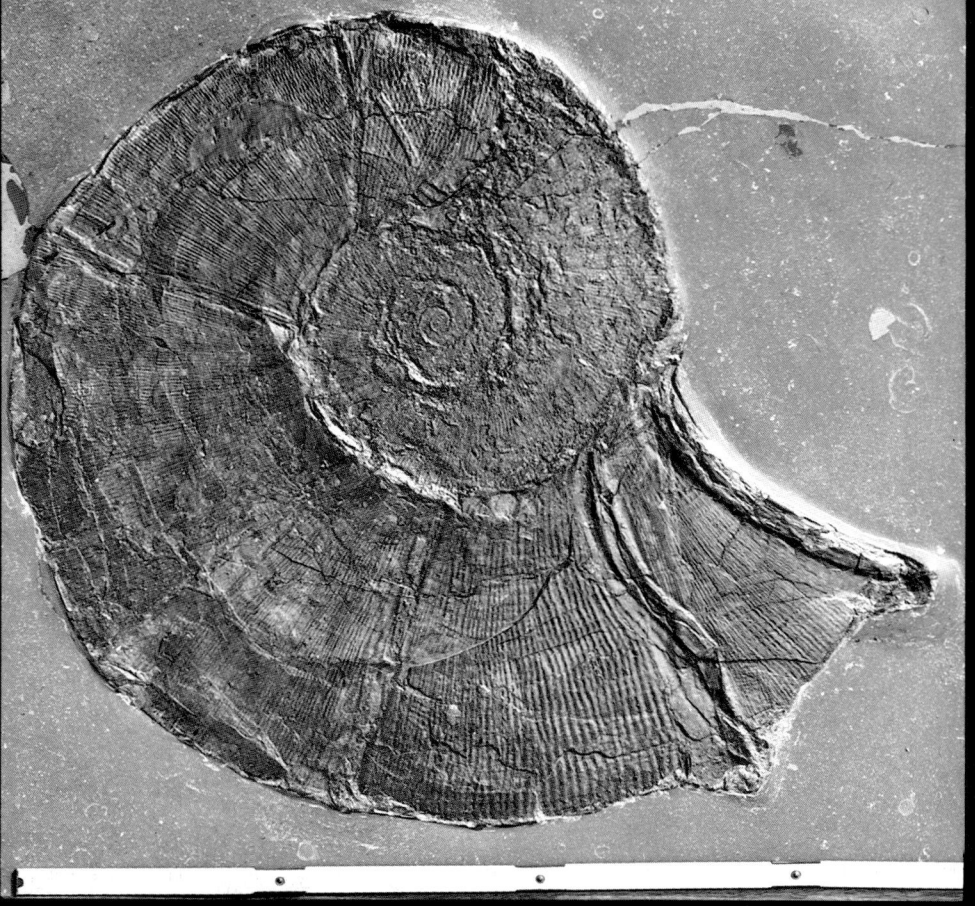

Abb. 147: *Lytoceras siemensi* (Denckmann) großes altes Exemplar, Durchmesser 60 cm Lias ε II$_4$ Holzmaden. (Museum Hauff)

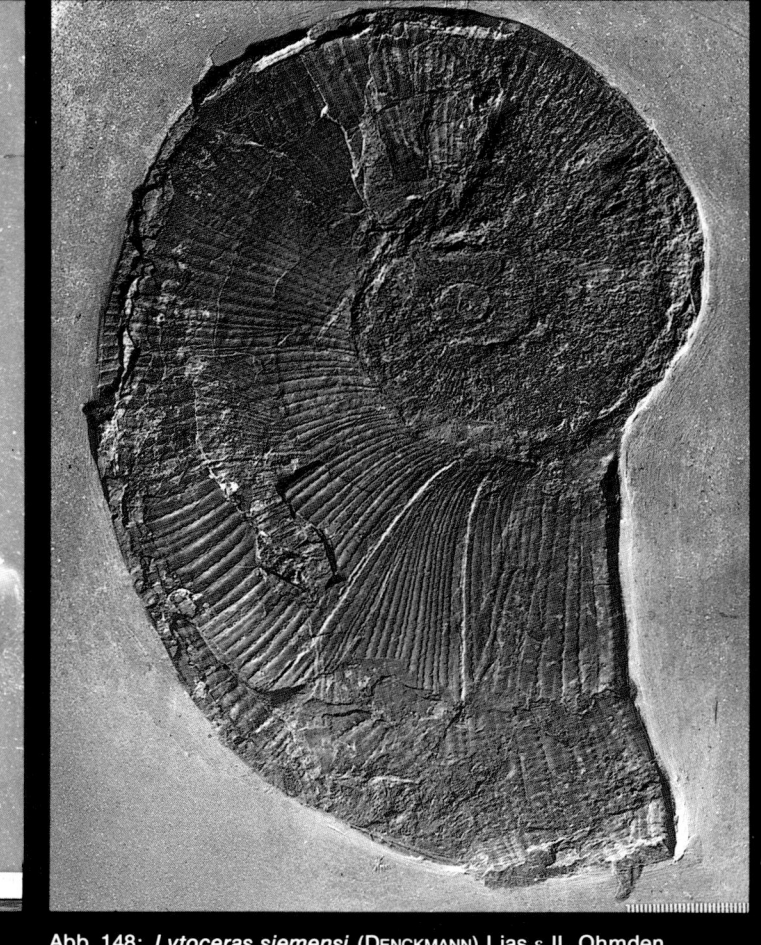

Abb. 148: *Lytoceras siemensi* (Denckmann) Lias ε II$_6$ Ohmden. (Museum Hauff)

Abb. 149: *Lytoceras trautscholdi* (OPPEL), Durchmesser 31 cm, Lias ε III Ohmden. (Museum Hauff)

Abb. 150: *Dactylioceras commune* (SOW.), Durchmesser 8,5 cm, zusammen mit *Gervillia lanceolata* (QU.) Lias ε III Holzmaden. (Museum Hauff)

Abb. 151: *Dactylioceras crossbeyi* (Simp.) Lias ε I$_3$ Holzmaden. (Museum Hauff)

Abb. 152: *Dactylioceras semiannulatum* (Howarth) Lias ε II$_4$ Holzmaden. (Museum Hauff)

Abb. 153: *Dactylioceras commune* (Sow.) Lias ε III Holzmaden. (Museum Hauff)

Abb. 154: *Dactylioceras commune* (Sow.) Lias ε III

Abb. 155: *Nodicoeloceras crassoides* (Simp.) Lias ε II$_4$

Abb. 156: *Peronoceras fibulatum* (Sow.) Lias ε III

Abb. 157: *Protogrammoceras paltum* (BUCKMANN) Durchmesser 18 cm Lias I_1/I_2 Holzmaden. (Museum Hauff)

Abb. 158: *Hildoceras serpentinum* (REINECKE) Lias ε II_9 Holzmaden. (Museum Hauff)

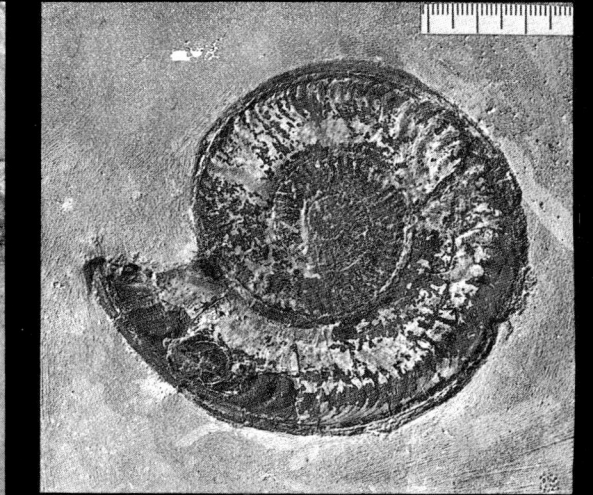

Abb. 159: *Hildoceras subserpentinum* (BUCKMANN) Durchmesser 21 cm Lias ε II_9 Holzmaden. (Museum Hauff)

Abb. 160: *Hildoceras sublevisoni* Fucini Lias ε III
Holzmaden. (Museum Hauff)

Abb. 161: *Hildoceras sublevisoni* Fucini Lias ε III
Holzmaden. (Museum Hauff)

Abb. 162: *Eleganticeras elegantulum* (Young & Bird) Großes Exemplar. Lias ε II_4
Holzmaden. (Museum Hauff)

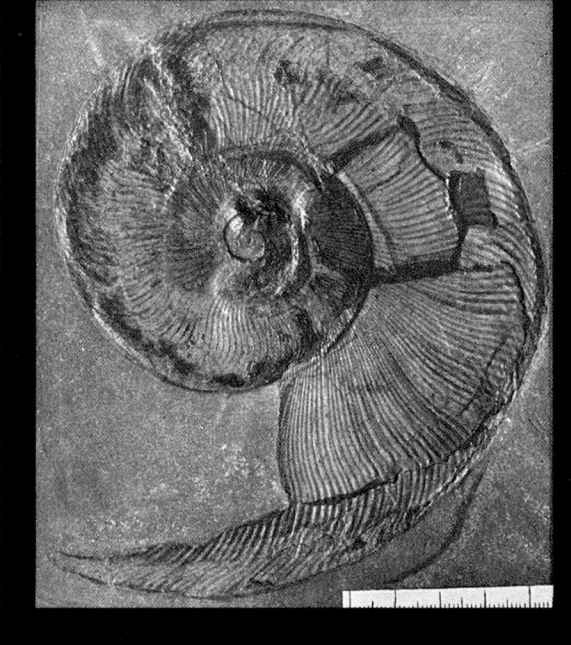

Abb. 163:
Tiltoniceras antiquum (Wright) Durchmesser 13 cm Lias ε II$_4$ Holzmaden. (Museum Hauff)

Abb. 164: ***Eleganticeras elegantulum*** (Young & Bird) Lias ε II$_4$ Holzmaden. (Museum Hauff)

Abb. 165: ***Harpoceras exaratum*** (Young & Bird) Lias ε II$_4$. Selten in dieser Schicht Boll. (Museum Hauff)

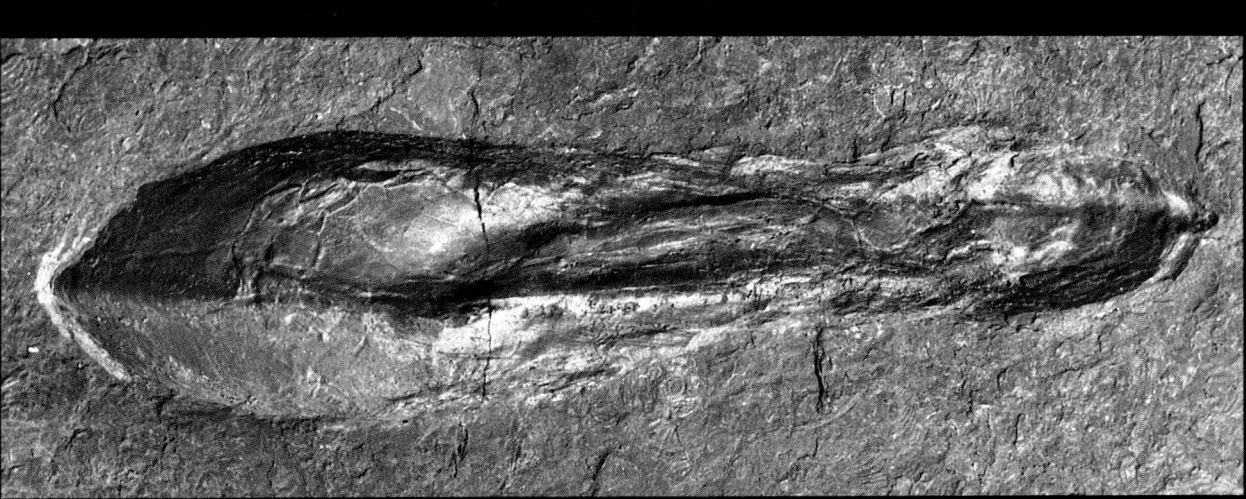

Abb. 166:
Tiltoniceras antiquum
(Wright)
senkrechte Einbettungslage
Länge 20 cm Lias ε II$_3$ Holzmaden.
(Museum Hauff)

Abb. 167: *Harpoceras falcifer* (Sowerby) Lias ε III Holzmaden. (Museum Hauff)

Abb. 168, 169: *Aptychus lythensis* (Qu.) Lias ε II$_6$ Holzmaden. (Museum Hauff)

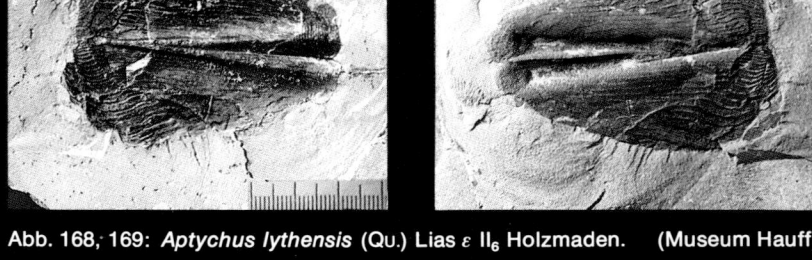

Abb. 170: *Anaptychus* Lias ε II$_6$ Ohmden. (Museum Hauff)

LAMELLIBRANCHIATA (Muscheln, Abb. 171–175, 177)

Die Muscheln stellen das Leitfossil der Posidonienschiefer: *Posidonia* (Poseidonmuschel) *bronni var. parva* (VOLTZ). (jetzt: *Bositra buchi* (ROEMER). Wenn dies sowohl nach dem Vorkommen – bei Holzmaden fehlt *Bositra buchi* (ROEMER) – als auch nach der Charakterisierung der Fazies für dieses Sediment vielleicht keine besonders glückliche Wahl genannt werden darf, so charakterisiert diese Form doch sehr gut den Typ der im Lias ε vorkommenden Muscheln. Es sind eigentlich nur zwei der zahlreichen weitverzweigten Familien, die wir aus der Jurazeit kennen, die *Aviculidae* und die *Pernidae* und unter ihnen die zarten, dünnwandigen, im übrigen wohl anpassungsfähigen *Bositra buchi* (ROEMER), und *Posidonia radiata* (GOLDFUSS). *Inoceramus dubius* (SOWERBY) und *Pseudomonotis substriata* (ZIETEN). *Posidonia* und *Bositra* (Abb. 171, 172) haben eine dünne, flache rundliche Schale, konzentrisch gefurcht, geraden Schloßrand, zahnlos, und einen kleinen mehr oder weniger nach vorne gerückten Wirbel, *Inoceramus* (Abb. 174) eine vielleicht etwas kräftigere Schale, besonders was die Prismenschicht anbetrifft, ebenfalls rundliche, aber mehr eiförmige Gestalt, konzentrisch gestreift, einen kräftigen Wirbel, nahe dem Vorderrand gelegen, gerades zahnloses Schloß mit vertikalen Bandgrübchen. *Pseudomonotis* ist eine kleine Muschel mit kräftiger berippter, ungleicher Schale. Wichtig ist das lokale und in ganz bestimmten Horizonten massenweise Vorkommen und im Zusammenhang damit die Frage, ob und inwieweit, abgesehen von den zusammen mit den Seirocrinuskolonien pseudoplanktonisch lebenden Inoceramen, hier Einschwemmungen vorliegen. Die Art des Vorkommens von *Inoceramus*, z. B. in Mittel-Epsilon II$_3$ nur linke Schalen, und von *Pseudomonotis* deuten darauf hin. Die andernorts (Reutlinger und Göppinger Gegend) massenweise vorkommende *Variamussium pumilum* (ZIETEN) ist bei Holzmaden selten, ebenso *Oxytoma inaequivalvis* (SOW) (Abb. 175), *Plicatula spinosa* (SOWERBY), *Gervillia lanceolata* (QUENSTEDT) (Abb. 150) (früher *G. esseri* OPPEL) und im Vergleich mit anderen Jurasedimenten auch die Ostreen (Profiltafel). Gelegentlich wurde auch *Solemya bollensis* (QUENSTEDT) (Abb. 173) und eine *Plagiostoma antiquata* (SOW.) (Abb. 177) gefunden.

Brachiopoden (Armkiemer, Abb. 176)

Sessil benthonisch lebende Tiere sind nach den allgemeinen und deshalb gewiss noch vagen Vorstellungen von den Lebensbedingungen im Lias ε Meer bei Holzmaden unmöglich. Wo, bzw. wann sie hier auftreten, ist ihr Vorkommen umso bemerkenswerter. Die Auswahl, welche unter den Muscheln durch die Lebensfeindlichkeit der tieferen, dem Meeresgrund nahen Regionen getroffen ist, scheint diese Vorstellungen zu bestätigen. Auch das Vorkommen der Brachiopoden stimmt damit überein; es beschränkt sich auf die Zeit des frühen und späteren Lias ε, wo die Lebensfeindlichkeit im weiten Umkreis beginnt bzw. allmählich abflaut. Zudem sind nur 3 Familien, die *Discinidae, Rhynchonellidae* und *Spiriferidae* sehr spärlich vertreten.

Von *Discina papyracea* (MÜNSTER) (Abb. 176) finden wir nur dorsale Schalenhälften, weshalb POMPECKJ annimmt, daß sie auf pseudoplanktonischem Weg hier eingeschwemmt sind. Sie tritt nur lokal auf in der Grenzzone vom Mittel/Ober-Epsilon II/III. Diese Form hat eine kleine kreisrunde, im Durchmesser etwa 1 cm große Schale mit konzentrischer Streifung und ausgeprägtem Wirbel.

„*Rhynchonella*" *amalthei* (QUENSTEDT), ein ebenfalls kleiner Brachiopode mit verhältnismäßig zarter Berippung und wenig stark gezacktem Schalenrand, schickt aus den liegenden Amaltheentonen seine letzten Ausläufer in Unter- und das allerunterste Mittel-Epsilon hinein.

Spiriferina villosa (QUENSTEDT), wiederum eine kleine Form dieser Familie, beschränkt sich in seltenen Vorkommen auf die aschgrauen Mergel in Unter-Epsilon.

Abb. 171: *Bositra buchi* (ROEMER)
Leitfossil der Posidonienschiefer Lias ε II₉
Ursenwang. (Museum Hauff)

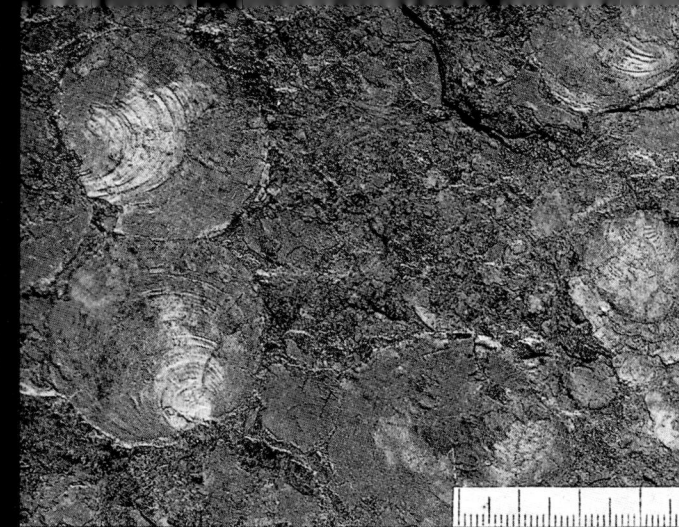

Abb. 172: *Posidonia radiata* (GOLDFUSS) Lias ε II₃ Ohmden.
(Museum Hauff)

Abb. 173: *Solemya bollensis* (QUENSTEDT)
Länge 3 cm Lias ε Holzmaden. (Tübingen)

Abb. 174:
Inoceramus dubius (Sow.)
Lias ε II₁₁ Holzmaden.
(Museum Hauff)

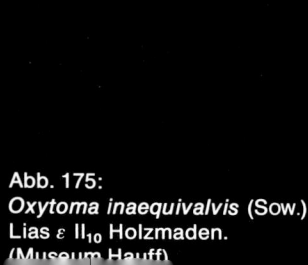

Abb. 175:
Oxytoma inaequivalvis (Sow.)
Lias ε II₁₀ Holzmaden.
(Museum Hauff)

Abb. 176: *Discina papyracea* (Münst.) Lias ε II$_{12}$ Holzmaden.
(Museum Hauff)

Abb. 177: *Plagiostoma antiquata* (Sow.) Lias ε II$_4$.
(Museum Hauff)

Mikrofossilien (Abb. 178)

Die Mikropaläontologie beschäftigt sich mit Fossilien und Teilen von Fossilien, die auf Grund ihrer im Normalfall geringen Größe mit dem bloßen Auge nicht erkennbar sind. Das Mikroskop ist somit das wichtigste Arbeitsgerät des Mikropaläontologen.

Bevor aber eine Mikrofauna untersucht werden kann, muß die Gesteinsprobe aufbereitet werden, um die Fossilien aus dem Gestein zu isolieren. Die so gewonnenen und in einer kleinen Zelle aufbewahrten Objekte vertreten fast alle Gruppen des Tier- und Pflanzenreichs. Die Fragestellungen der Mikropaläontologie sind die gleichen, wie sie die Paläontologie an größere Fossilien richtet. (Evolution, Ökologie und stratigraphische Brauchbarkeit).

In jurassischen Gesteinsproben können wir folgende Mikrofossilien erwarten:

Aus dem Pflanzenreich: Algen (z.B. Dinoflagellaten, Acritarchen, Prasinophyceen); Pollenkörner von Gymnospermen; Sporen von Farnen, Schachtelhalmen und anderen Sporenpflanzen.

Aus dem Tierreich: Foraminiferen, Ostrakoden, Echinodermenreste, Schwammnadeln, kleine Mollusken (Schnecken, Muscheln, Cephalopodenreste), Fischreste (Schuppen, Zähne), mineralisierte Grabgänge.

Die mikropaläontologische Bestandsaufnahme und Analyse des Lias ε befindet sich, trotz zahlreicher mikrofaunistischer Arbeiten über den Lias, erst am Anfang. Diese Kenntnislücke hängt in erster Linie mit der Aufbereitung der bituminösen „Schiefer" zusammen, die sich einer einfachen Behandlung mit den üblichen Reagenzien verschließen. Trotz dieser Schwierigkeiten gibt es drei Methoden, den Mikrofauneninhalt des bituminösen Lias ε zu untersuchen.

1. direktes Betrachten kleiner Ölschieferbruchstücke unter dem Rasterelektronenmikroskop (Stereoscan), von Grün, Prins & Zweili (1974) erfolgreich bei Coccolithophoriden (marines Nannoplankton) angewendet. Die Autoren weisen nach, daß die hellen Lagen des feingeschichteten Schiefers sehr reich an Coccolithen sind.
2. Mazeration mit Schulzeschem Gemisch. Hier werden alle nicht organisch erhaltenen Bestandteile der Probe zerstört. Diese Methode ist für eine Untersuchung auf Algen, Pollenkörner und Sporen geeignet. Aus dem Lias ε ist vor allem eine Gruppe der Prasinophyceen, die Tasmaniten s.l. bekannt geworden. Diese kugeligen Algen zeigen während des gesamten Jura eine Massenvermehrung in bituminöser Fazies. Daneben treten an Algen noch Acritarchen und Dinoflagellaten auf. Die Pollenkörner sind durch die wichtige Gattung *Glassopolis* vertreten.
3. erweiterte Glaubersalzmethode (Roscher 1977). Diese Methode gestattet, den gesamten Mikrofauneninhalt zu erfassen.

Für die Diskussion der Ölschieferentstehung sind vor allem benthonische (am Boden lebende) Faunenelemente von Bedeutung. Insbesondere Foraminiferen und Ostrakoden verdienen hier unsere Aufmerksamkeit.

Eine Antwort auf die Frage, ob diese Mikrofossilien im Lias ε vorkommen, läßt sich nicht pauschal geben. Hier spielt unter anderem die Grenzziehung zum Lias ζ eine Rolle. Von einem Teil der Bearbeiter wird die im Oberepsilon (Leberboden) vorkommende Foraminiferen- und Ostrakodenfauna bereits zum Unterzeta gerechnet. Andererseits gibt es keinen Zweifel am Auftreten einer solchen Fauna in den Aschgrauen Mergeln im Unterepsilon.

Über das Vorkommen von Foraminiferen und Ostrakoden in den eigentlichen Ölschiefern sind unsere Kenntnisse äußerst gering. In allen Arbeiten wird die Arten- und Individuenarmut der Fauna betont. So findet Kutrukis (1972) in 150 g Probenmenge im Tafelfleins von Heiningen (b. Göppingen) 12 Ostrakodenschalen, die 4 Arten angehören. Zum Vergleich: In den Blaugrauen Mergeln (oberster Lias δ) wurden, bei gleicher Probenmenge, 24 Arten mit insgesamt 1196 Schalen gezählt. Die Foraminiferen zeigen die gleiche Tendenz: Tafelfleins: 5 Exemplare einer Art. Blaugraue Mergel: 34 Arten; 992 Exemplare.

Auch aus anderen Horizonten des Ölschiefers sind vereinzelte Foraminiferenfunde bekannt, so daß wir grundsätzlich davon ausgehen können, daß die Ölschiefer des Lias ε Foraminiferen und Ostrakoden enthalten, wenn auch damit über den Charakter dieser Fauna noch nichts ausgesagt ist. Es muß vor allem auch geprüft werden, ob die gefundene Mikrofauna an ihrem Einbettungsort teil- u. zeitweise gelebt hat oder durch Strömungen mit eingeschwemmt ist.

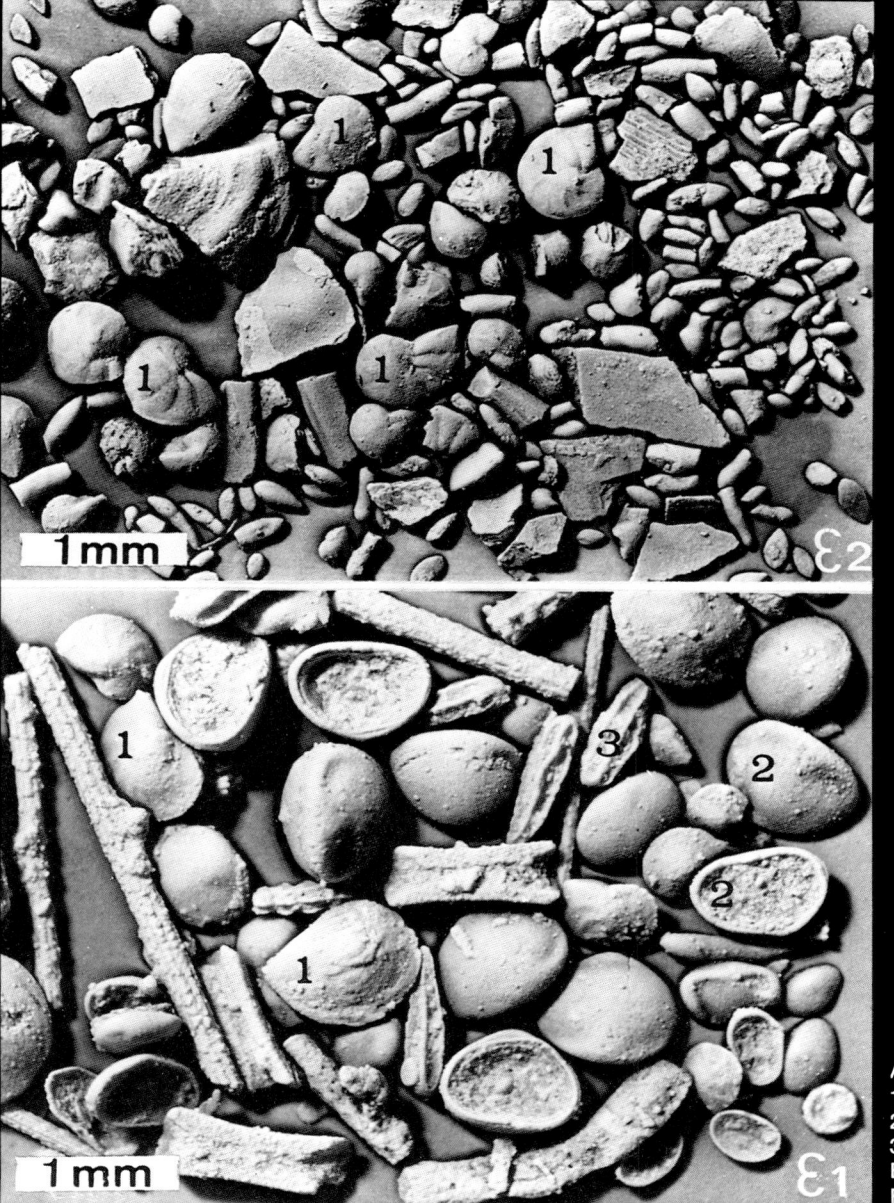

Abb. 178: Typischer Mikrofauneninhalt des Unter- und Mittelepsilon (ε_1, ε_2).
1. *Lenticulina* (Foraminifere)
2. *Ogmoconcha* (Ostrakode)
3. *Marginulina* (Foraminifere)
Beachte vor allem die geringe Größe der Foraminiferengehäuse und das völlige Fehlen der Ostrakoden im oberen Bild (ε_2).

Bohrgänge von Sedimentfressern (Abb. 179, 180)

Schon in der Geschichte des Wunderbades Boll hat Bauhin 1598 die „Seegrasschiefer", wie sie der Steinbrecher heute noch nennt, erwähnt. Man hat sie wegen ihrer Ähnlichkeit mit dem heutigen Seetang (*Fucus*) und gewissen Algen auch als deren Verwandte gehalten, benannt und beschrieben. Bis erst besonders durch R. Richter aus vergleichbaren Vorkommen in den Wattenzonen der Nordsee der Nachweis erbracht wurde, daß es sich bei den Chondriten und Fukoiden um Füllungen von Bohrgängen sedimentfressender Tiere handelt.

Fucoides und Chondrites (Abb. 179, 180) sind breite oder schmale, bandartig verzweigte Gänge, in denen das Sediment heller oder dunkler gefärbt ist. Dadurch fallen sie auf. Wo sie durch diesen Farbunterschied nicht angezeigt sind, können wir sie nicht mehr nachweisen. Trotzdem mögen sie auch dort vorhanden gewesen sein. In staunenswerter Weise ist der Nährboden durch immer neue Gangverzweigungen ausgenützt. Das System der Gänge ist im Prinzip dem der Stollen unserer Bergwerke gleich; dabei wird der Gang sofort mit der Wühlschlacke wieder verstopft. Wenn man bei *Fucoides granulatus* (Schlotheim) die weichere Füllmasse des Ganges entfernt, so erscheint an den Wänden ein Massenwerk enggedrängter, mehr oder weniger quergestellter Eintiefungen. Diese Eintiefungen entsprechen wohl kleinen Schlammklümpchen, wie sie auch heute lebende Bohrwürmer in ihre Wände einbauen. *Chondrites bollensis* (Zieten), bei dem diese Beobachtung nicht gemacht werden kann, zeigt in Vorkommen und Erscheinung doch große Ähnlichkeit.

Sowohl *Fucoides granulatus* als auch *Chondrites bollensis* sind deshalb palaeobiologisch von so großer Bedeutung, weil ihr Vorkommen ein untrüglicher Beweis ist für eine Lebensmöglichkeit, das heißt auch Vorhandensein von Sauerstoff am Meeresgrund und im Sediment, wenn auch in nur denkbar geringen Mengen. Dadurch sind sie uns bei der Frage nach der Entstehung der bituminösen Schiefer als Faulschlammsedimente besonders wichtig.

Abb. 179: *Fucoides granulatus* (SCHL.) Lias ε II$_{12}$ Holzmaden. (Museum Hauff)

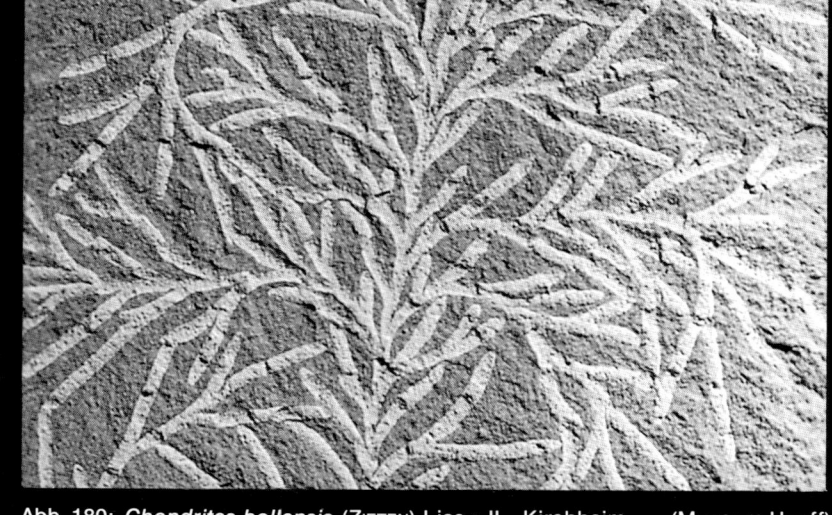

Abb. 180: *Chondrites bollensis* (ZIETEN) Lias ε II$_{12}$ Kirchheim. (Museum Hauff)

Abb. 181: Gagat (Fossiles Holz) Lias ε II$_6$ Ohmden. (Museum Hauff)

Abb. 182: Fossiles Holz Lias ε II$_6$ Holzmaden. (Museum Hauff)

Pflanzen (Abb. 181–187)

Reste von Pflanzen, abgesehen von Treibhölzern, sind im Lias ε große Seltenheiten. Dies ist verständlich. Denn für die zarten Zweige und Blättchen war es ein weiter Weg flußabwärts zur Küste und hinaus aufs Meer. Nur durch manchen glücklichen Zufall vor der Zerstörung bewahrt, konnten sie ausnahmsweise bis hierher gelangen und eingebettet werden. Der Steinbrecher aber übersieht heute die unscheinbaren Gebilde nur zu leicht. Als seltene Überbleibsel und fast einzige Dokumente des damaligen Lebens am Land verdienen diese Pflanzenfunde unsere ganze Aufmerksamkeit.

In der Entwicklung der Pflanzenwelt geht dem Erscheinen der bedecktsamigen Pflanzen (wie Gräser, Palmen, eigentliche Blütenpflanzen) eine Zeit der nacktsamigen oder Gymnospermen voraus mit Cycadeenverwandten, Ginkgobäumen und Coniferen. Der Jura fällt noch ganz in diesen Entwicklungsabschnitt der „Gymnospermenzeit". Auch die Posidonienschiefer des schwäbischen Lias haben an höheren Pflanzen nur Gymnospermenfunde ergeben.

Die Cycadeenverwandten sind hier mit drei Gattungen vertreten. *Dioonites acutifolium* (KURR) ist durch ein einziges Fundstück von Ohmden belegt, das heute im Staatlichen Museum für Naturkunde in Stuttgart aufbewahrt wird. Die spitz endigenden wechselständigen Fiedern sind mit der ganzen Basis schief an der Mittelrippe angeheftet, sie sind etwa 3 cm lang und mit parallel verlaufenden Blattnerven versehen. Die äußere Form hat Ähnlichkeit mit der heutigen mexikanischen Cykadeengattung *Dioon*.

Auch *Glossozamites oblongifolium* (KURR) ist nur durch ein einziges Exemplar von Ohmden vertreten, das leider verloren gegangen ist. SCHIMPER stellte es zu seiner Gattung *Glossozamites*, nachdem es wie auch *Dioonites* von KURR ursprünglich bei *Pterophyllum* eingereiht war. Nach KURRS Abbildung haben die etwa 2$\frac{1}{2}$ cm langen Fiederblätter länglich eiförmige Gestalt, die Blattnerven streben randlich auseinander. Zahlreicher sind die Funde von *Otozamites mandelslohi* (KURR). BRAUN hat anhand von Funden aus dem unteren Lias von Franken diese Gattung errichtet. Die schmalen Wedel (Abb. 186), welche über 30 cm lang wurden, verjüngen sich sowohl gegen die Spitze wie an der Basis. An der oberen Ecke der schief angehefteten Fliederblättchen zeigt sich deutlich ein vorgewölbtes Ohr.

Nach GOTHAN ist es wahrscheinlich, daß *Otozamites* nicht zu den Cycadeengewächsen im engeren Sinne gehört, sondern zur ausgestorbenen Gruppe der *Bennettitales*, die in bemerkenswerter Weise den bedecktsamigen Zustand der späteren Angiospermen schon in einer besonderen Form vorausnehmen, ohne jedoch selbst zu ihnen überzuleiten. Vielleicht saßen ihre schlanken Wedel an verzweigten Ästen wie bei den strauchförmigen Williamsonien, einer Benettitalen-Gattung des englischen Juras.

Ginkgo-Gewächse, die ja einen wesentlichen Anteil an den höheren Pflanzen der Jurazeit haben, sind merkwürdigerweise allergrößte Seltenheiten. SALFELD hat anhand eines einzigen Fundes mit Vorbehalt den weltweit verbreiteten *Ginkgo digitata* nachweisen können (Abb. 183).

Die Coniferen (Nadelhölzer) treten uns im hiesigen Lias ε in zwei Formen entgegen, *Pagiophyllum kurri* (SCHIMPER) (Abb. 185) und *Widdringtonites liasinus* (KURR). Das erste ist das häufigere Fossil, es liegen einige Dutzend Zweigfunde vor, vom zweiten gibt es nur ganz wenige. Blüten oder Fruchtzapfen sind von keiner der beiden Gattungen bekannt.

Pagiophyllum kurri hat breite sichelförmig gekrümmte, kurze „derbe" Blätter. KRÄUSEL konnte zeigen, daß die Spaltöffnungen der Blätter in Anordnung und Begrenzung araucarienähnlich sind, wie schon frühere Autoren annahmen.

Widdringtonites liasinus (KURR) hat sehr schuppenförmige Blättchen und ist in seiner äußeren Erscheinung unseren Lebensbäumen (Zypressen) ähnlich (Abb. 184).

Farne und Schachtelhalme waren zur Liaszeit auf dem Festland gewiß ebenfalls vorhanden, doch sind ihre Überreste wohl nur in mehr landnahen Ablagerungen zu erwarten.

Nicht selten trifft man im Posidonienschiefer auf langgestreckte, flache oder mehr körperlich erhaltene Stücke von Gagat (Abb. 181, 182). Gagat ist eine Art Braunkohle, sehr dicht, im Querbruch glänzend und pechschwarz. Sicherlich sind dies fossile Treibhölzer. Aber es ist trotz wiederholter Versuche bisher noch nicht gelungen, den Zellenbau zu erkennen, der völlig aufgelöst zu sein scheint. Nach GOTHANS Untersuchungen an den gleichaltrigen Gagatvorkommen von Yorkshire in England ist der Gagatisierungsvorgang an die Einbettung in Faulschlamm gebunden. Dieser dringt in das zersetzte, erweichte Holz ein, das neben der Inkohlung auch einen Bituminierungsvorgang durchmacht. Zahlreiche Schrumpfungsrisse in der Längsachse der Stämme und senkrecht dazu durchsetzen sie und sind nachträglich mit weißem Kalk- und Schwerspat ausgefüllt. Die Treibholzstämme mit Astbildung könnten sowohl von Coniferen wie von Ginkgobäumen stammen. Die Cycadeengattung *Dioon* der Jetztzeit hat einen dicken kurzen Stamm ohne Äste, während *Otozamites* vielleicht mehr als Strauch wuchs.

Alle diese Zeugen der Flora auf dem Festland um das Meer des Lias ε zeigen, daß das Klima zu jener Zeit hier einen mehr subtropischen Charakter hatte und die Temperaturen höher lagen als heute.

Abb. 183:
Ginkgo digitata (Brongn) Lias ε II$_8$
Holzmaden. (Museum Hauff)

Abb. 184:
Widdringtonites liasinus (Kurr) Lias ε
II$_{11}$ Ohmden. (Museum Hauff)

Abb. 185:
Pagiophyllum kurri (Schimp.) Lias ε II$_8$
Holzmaden. (Museum Hauff)

Abb. 186:
Otozamites mandelslohi (Kurr) Lias ε II$_6$
Holzmaden. (Museum Hauff)

Abb. 187:
Unicum Lias ε II$_{12}$
Ohmden. (Museum Hauff)

Abb. 184    Abb. 185 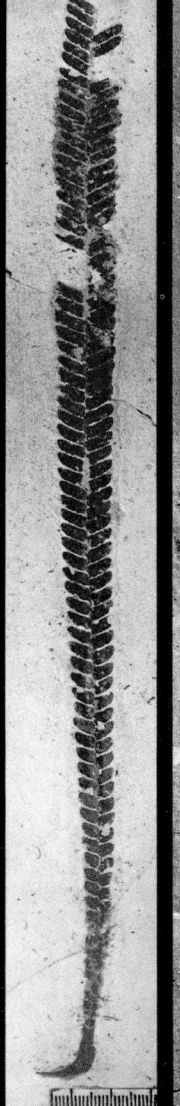   Abb. 186    Abb. 187

Über die Entstehung der Posidonienschiefer und der Fossilstätten

Dieses umfassende Problem ist in vielerlei Fragen geologisch-petrographischer, wie allgemein und speziell paläobiologischer Art, in Wort und Schrift seit langem diskutiert, eigentlich ohne eine allseits befriedigende Lösung.

Ausgehend von den grundlegenden Arbeiten von Pompeckj und von Brockamp, wie auch von zahlreichen neueren Veröffentlichungen, möchten wir nach wie vor den Gedanken Aldingers folgen. Seiner gütigen Erlaubnis dankend dürfen wir sie, gestützt durch eigene jahrzehntelange Beobachtung und Erfahrung, verwerten.

Es ist klar, daß eine befriedigende Lösung nur gefunden werden kann, wenn wir von den einzelnen Feinschichten ausgehen, also kleinere Zeitspannen ins Auge fassen, als wenn wir die Posidonienschiefer gemeinhin zur Debatte stellen. Denn es hat sich gezeigt, daß bestimmte entscheidende Faktoren im Ablauf der Sedimentation des auf den ersten Blick homogenen Schichtpakets nicht stetig oder gleich intensiv wirksam waren. Die dadurch sich ergebenden Verschiedenheiten der Feinfazies widersprechen sich deshalb aufs Ganze gesehen nicht; vielmehr bereichern und klären sie die Erkenntnis über die Entstehung.

Die Posidonienschiefer gehören zu den bestdurchforschten Ablagerungen überhaupt. Wir haben eingangs ihre Schichtfolge und gewisse Merkmale ihrer Mikrostruktur besprochen und dann die Fossilien betrachtet. Das nun zu besprechende Problem der Entstehung der Posidonienschiefer und ihrer Fossilstätten umfaßt im Ganzen eine Fülle von Fragen, die sich aus diesem reichen Tatsachenmaterial ergeben.

Pompeckj hat als Analogon für die Entstehung der Posidonienschiefer gewisse Bereiche des Schwarzen und Asow'schen Meeres herangezogen. Die Ähnlichkeit beruht auf bestimmten geographischen, klimatischen und in deren Folge chemischen und biochemischen Voraussetzungen. Es handelt sich dort wie hier um mehr oder weniger abgeschlossene Zonen eines Binnenmeeres mit unterschiedlichem Salzgehalt. Durch zeitweise mangelnde Strömung und zu geringe, schwindende Sauerstoffzufuhr kommt es zu Stagnation und Anreicherung von Schwefelwasserstoff von Grund auf, welcher dort allmählich lokal jegliches Leben und auch die Verwesung verhindert. Die Posidonienschiefer selbst, wie auch die Paläobiologie ihrer Fossilien sprechen für diesen Vergleich, und zwar wohl umso mehr, je genauer im einzelnen die gegenwärtigen Vorgänge und Wirkungen und besonders die geologischen und paläobiologischen erkannt sind, wohlgemerkt von Horizont zu Horizont mehr oder weniger.

Zum Vergleich der Faulschlammsedimente des Schwarzen Meeres mit den einzelnen Schichten des Lias ε ist es notwendig, die diagenetischen Veränderungen unserer bituminösen Schiefer in ihrem Ablauf gewissermaßen zurückzuverfolgen und dabei jeweils Ursache und Wirkung der Einflüsse, wie sie heute an Fossil und Sediment ausgeprägt sind, richtig zu deuten.

Das Sediment hat sich, wie aus der Erhaltung der Fossilen hervorgeht, im Verlauf der Diagenese in verschiedenem Umfang, maximal bis auf $1/20$ seines ursprünglichen Volumens, gesetzt. Diese Setzung ist zu einem großen Teil durch das Abwandern des Sedimentwassers, vorwiegend Haftwassers, nach oben bedingt. Weniger betroffen von dieser Setzung, weil von vornherein weniger wasserreich, wurden manche Kalkbänke, besonders die konkretionsartig ausgebildeten Laibsteine. Die Wirbelknochen der Saurier haben hierin noch eher ihre ursprüngliche Gestalt als in den Schiefern. In den Laibsteinen sind im norddeutschen Lias *Lytoceras siemensi* (Denckmann) von Schandelah körperlich erhalten, und im hiesigen Lias ε ist die Erhaltung z. B. von *Lepidotes* eine andere als in den Schieferschichten. Nun nimmt Aldinger an, daß in Analogie mit petrographisch gleich beschaffenen Kalkbänken im Lias und Dogger, z.B. den rhythmischen Kalkbankfolgen im Blue Lias Englands oder im Dogger delta Schwabens – Stinkkalke, besonders die Laibstein-artigen nicht aus dem Meerwasser sedimentiert, sondern während der Diagenese in den ersten Stadien der Setzung der Schiefer als Konkretionen im Sediment entstanden sein könnten. Der Kalk der Stinkkalke würde aus dem nach oben abwandernden Sedimentwasser abgeschieden sein und aus tieferen Sedimentschichten stammen. Die Lösung und Wiederabscheidung von Kalk und Eisen im Sediment wird ermöglicht durch Änderung in der Wasserstoffionenkonzentration und des Redoxpotentials in den tieferen Sedimentschichten.

Mit dieser Erklärung würde die schwierige Frage, wie die schroffen Wechsel zwischen Schiefer und Kalkzwischenlagen während der Sedimentation zu erklären sind, fallen. Alle Kalkbänke des Lias ε können so aber wohl nicht entstanden sein. Der obere Stein in Mittel-Epsilon II_8 z.B., auf weite Strecken von genau gleicher Mächtigkeit, lagert auf lokal sehr verschiedenartigen und -mächtigen Schiefern; mancherorts hat er unter sich nur eine 6–8 cm starke Schieferlage, unter der schon wieder eine und zwar die satteste Kalkbank II_7 (Gelbe Platte) ruht. Wir können kaum glauben, daß solche Unterschiede bei diagenetischen Vorgängen ohne Auswirkung geblieben wären. Auch ändert sich die Feinfazies der Schiefer selbst unter und über den Kalkzwischenlagen. Vor allem aber hat jede Schicht ihren charakteristischen Fossilinhalt; die Gelbe Platte II_7 ist fast völlig fossilleer, und besonders dieses Verhalten der Fossilien spricht eher für verschiedene Verhältnisse schon während der Sedimentation.

Der Vergleich aber der Schiefer und Stinkkalke mit Feinschichtung ergibt, – dies hat schon Quenstedt erkannt (Jura S. 208) – daß die Kalke „im Grunde nichts weiter sind als ein mit mehr Kalk getränkter Schiefer", und Aldinger folgert in seinen oben geschilderten Gedanken weitergehend richtig, daß man das ursprüngliche Bild des Epsilon-Schiefer-Sediments mit guter Annäherung an die Wirklichkeit erhält, wenn man sich den Kalk der Stinkkalke durch Wasser ersetzt denkt. Danach bestand dieses Sediment bis zu 85 % aus Wasser. Auf das wasserreiche Sediment berechnet ergibt sich also ein ursprünglicher Gehalt an organischer Substanz von wenig mehr als 1–2 %. Dabei muß allerdings berücksichtigt werden, daß wahrscheinlich ein Teil der organischen Substanz im Verlauf der Diagenese durch mikrobiologische Vorgänge bis auf flüssige und gasförmige Bitumnia oder bis auf die Grundstoffe abgebaut wurde und mit dem Sedimentwasser bei der Setzung abwanderte. Wie groß dieser Verlust ist, kann vorläufig nicht angegeben werden. Er dürfte in den kalkigen, weil poröseren Lagen von Anfang an größer sein als in den Schieferlagen. Da die Stinkkalke also mehr organische Substanz verloren haben und zudem von der Setzung weniger betroffen wurden, muß ihr Gehalt an Bitumen heute wesentlich geringer sein als der der Schiefer, und dies ist in der Tat auch der Fall.

Die Feinschichtung der Schiefer und mancher Stinkkalke beruht zum Teil auf einem Materialwechsel nach bitumenreicheren und kalkreicheren Lagen, zum Teil ist sie das Ergebnis der Setzung, also Primärschieferung. Bei diesem Vorgang wurden die weichen organischen Sedimentteile plattgedrückt und die härteren plättchenförmigen, z. B. Tonminerale, eingeregelt.

Diese ursprüngliche Ablagerung des Sediments nach kalkreicheren und bitumenreicheren Feinschichten konnte nur dann erhalten bleiben, wenn am Meeresgrund keine Strömungen vorhanden waren, die stark genug gewesen wären, diese einzelnen Feinschichten zu mischen, und wenn grabende Organismen in großer Zahl oder solche Sedimentfresser fehlten, die die Feinschichtung zerstörten. Daß Wasserbewegungen am Meeresgrund, wenn auch von ganz geringer Stärke, vorhanden waren, beweist die Einbettungslage vieler Fossilien. Wir müssen hier die mehr oder weniger im Verband, aber doch vollständig am Meeresgrund angekommenen Tierleichen herausgreifen. Aus welchem Horizont des Lias ε sie auch stammen, regelmäßig ist die zuerst eingebettete und einer Wasserbewegung weniger ausgesetzte Unterseite ungestörter erhalten als die Oberseite. Auch diese Tatsache ist QUENSTEDT nicht entgangen. Lediglich Wasser- Hin- und Her- Bewegung kann einen solchen Unterschied bewirken. Allerdings braucht ihre Kraft nur so minimal zu sein, daß das Integument einer in Auflösung begriffenen Tierleiche an ihrer Oberfläche verlagert werden kann, ohne daß dadurch das Sediment selbst beunruhigt wurde. Wir können aus dieser Beobachtung also relative Grenzwerte einer möglichen Strömung am Meeresgrund während der einzelnen Sedimentationszeiten ableiten und Rückschlüsse auf die Festigkeit der Meeresgrundfläche ziehen.

Die die Feinschichtung zerstörenden Organismen kennen wir heute in Form der Fukoiden und Chondriten. Ihre mikroskopische Untersuchung zeigt, daß es sich dabei um Gänge von ursprünglich rundem Querschnitt handelt, die von oben her mit bitumenfreiem Sediment gefüllt wurden und durch die nachträgliche Setzung ihre flache bandartige Form erhalten haben. Sie können nur zu den Zeiten und dort gelebt haben, da am Lias ε-Meeresgrund Leben möglich war, mit andern Worten, sie zeigen uns an, wann und wo der Meeresgrund durchlüftet war und benthonisches Leben ermöglichte, bzw. wann und wo die Druchlüftung mangels genügender Strömung aufhörte und in völlige Stagnation überging. Allerdings ist dabei zu berücksichtigen, daß die heute lebenden und analog wohl auch die fossilen bohrenden, sedimentfressenden Organismen mit einem Minimum an Sauerstoff auskommen. Sie sind also ein sehr scharfes Reagens für das Vorhandensein von Sauerstoff und können bereits, beziehungsweise noch leben, wo für alle anderen, besonders für die höheren Organismen, der vorhandene Sauerstoff nicht ausreicht. Nun kommen Fukoiden vornehmlich an der Unter- und Obergrenze des Lias ε vor, Chondriten aber auch im mittleren Mittel-Epsilon unter II_7 bis herauf zu II_9 und hin und wieder in II_{11} und II_{12}, wenn auch nur in dünner zerrissener Lage. Es ist also ein Rhythmus der Stagnation zu beobachten mit einem unvermittelt plötzlichen Höhepunkt in Unter-Epsilon, Tafelfleins I_2, einem Maximum ganz besonders vor und während der Zeit von Mittel-Epsilon II_4 und vielleicht wieder von II_{10}. Dies sind auch die Horizonte feinster Schieferung und Schichtung mit den besterhaltenen Versteinerungen.

Vom Fossilinhalt, seiner Zusammensetzung und Herkunft, der Häufigkeit, der Einbettung und Erhaltung ist in diesem Zusammenhang Folgendes hervorzuheben: Zum ersten ist von großer Bedeutung, daß Reste benthonischen Lebens außer den Fukoiden und Chondriten selbst fehlen, mit Ausnahme einiger allerdings äußerst seltener, aber überraschend und dazu hervorragend gut erhaltener Krebsfunde, obendrein in Mittel-Epsilon II_4 und II_5 und sehr seltener Gastropodenvorkommen im mittleren II_6. Alle anderen sind Nektontiere. Sie stammen aus verschiedenen Lebensräumen, vom Land oder aus Landnähe (Pflanzen, junge Steneosaurier, beide als große Seltenheiten), vielleicht aus Flüssen (gewisse Fische), aus der Luft (Flugsaurier), von hoher See als seltene Gäste (*Eurhinosaurus, Leptopterygius, Plesiosaurus, Chondrosteus, Trachymetopon, Ohmdenia*). Sicherlich aber ist der Ort der Einbettung vielfach auch die Heimat der lebenden Tiere gewesen. Die Meerestiere waren entweder aktive Schwimmer oder Planktonten oder pseudoplanktonisch lebende Tiere; die letzteren (*Inoceramus, Bositra, Monotis* u.a.) sind besonders individuenreich.

Die Häufigkeit der Wirbeltiere ist – dies muß immer wieder betont werden – bei weitem nicht so groß, wie noch immer vielfach angenommen wird, und die Anzahl der fossilen Reste ist nur ein ganz kleiner Bruchteil der Tiere, welche während der – langen oder kurzen – Sedimentationszeit in dem damaligen Meer des Lias ε gelebt haben. Auf Grund der Häufigkeit haben wir keinen Anlaß auf Katastrophen zu schließen, durch welche schlagartig die gesamte Tierwelt vernichtet wurde. Wohl kommen z. B. bei den Ichthyosauriern nicht ausgewachsene Tiere vor. Sicherlich sind die Muttertiere mit Embryonen, die zu den eindrucksvollsten Fossilien gehören, die wir überhaupt kennen, keines natürlichen (Alters)-Todes gestorben. Fast ausnahmslos sind aber diese Tiere – dies beweisen die weit entwickelten beinahe geburtsreifen Embryonen bei den allermeisten bisherigen Funden – unmittelbar vor oder während der Gebärzeit umgekommen. Vielleicht kommt darin die innerhalb der Reptilien doch außergewöhnliche, ja gefährliche Art des Gebärens dieser Saurier zum Ausdruck.

Die Einbettung und Erhaltung der Saurier und Fische zeigt alle denkbaren Möglichkeiten: 1.) völlig ungestörte Einschlüsse, dies aber nur ausnahmsweise in Unter-Epsilon I_2, Mittel-Epsilon II_3, II_4, II_5 und $II_{5/6}$, II_6, II_8 und in II_{10}. 2.) die bereits erwähnten mehr oder weniger und besonders an ihrer Oberseite zerfallenen, jedoch noch vollständigen Fossilien. 3.) Skelette, welche z. T. noch im Verband liegen, an welchen aber manches fehlt und kleinere oder erheblichere Verlagerungen stattfanden, bis sie ganz vom Sediment umschlossen waren. 4.) Skelette, die unvollständig sind, bei welchen das Vorhandene jedoch tadellos im Verband liegt. 5.) in sich auf kleinem Raum zerfallene Skelette, und endlich 6.) die vielen einzelnen Reste, bis schließlich 7.) zum Teil kaum noch als Fossil erkennbare Reste und Grus organischen Ursprungs, besonders in Mittel-Epsilon II_{11} und den Grenzschichten zu Ober-Epsilon. Hier sei nochmals besonders hervorgehoben, daß alle die präparierten Schau-, ja Prunkstücke in den Museen und auch die Bilder dieses Buches keinen, vielmehr einen falschen Eindruck vermitteln von der durchschnittlichen Erhaltung der Lias ε-Fossilien, daß sie alle ausnahmsweis gut erhaltene Fundstücke darstellen und nur die Auslese vom Guten und dem Vielen sind, das der Sammler zunächst alles bergen und untersuchen muß, das er aber leider nicht aufbewahren, geschweige denn präparieren kann, obwohl gerade dieses Material für die Fragen des Lebens und Todes und der Einbettung mindestens so interessant und wichtig wäre, wie nur die sogenannten guten Funde!

Jede Tierform ist von vornherein verschieden veranlagt, sich fossil mehr oder weniger gut zu erhalten. Die unter normalen Umständen verhältnismäßig rasch fortschreitende Verwesung ist abhängig besonders vom Sauerstoffgehalt und der Temperatur des Wassers. Der Zeitpunkt der Einbettung – je früher desto günstiger – richtet sich nach dem im Verlauf der Verwesung sich ändernden spezifischen Gewicht der Tierleiche und wird mitbestimmt durch einen mehr oder weniger weiten Transport im Zug von Strömungen vom Ort des Sterbens bis zum Ort der Einbettung. Alle diese Faktoren wirken individuell wie zeitlich und räumlich verschieden.

Bei den Wirbellosen sind uns in der Regel nur ihre anorganischen Hartteile überliefert, besonders Schalen oder Gehäuse, letztere als geschlossene Körper noch am besten. Bei den Ammoniten und Muscheln gibt es in bestimmten Horizonten und ganz lokal auch Massenvorkommen. Hier haben Strömungen gewirkt. Nirgendwo findet sich ein Anzeichen dafür, daß die Tiere noch lebend am Meeresgrund angelangt sind, nirgends sind Spuren eines Todeskampfes zu beobachten.

Die Verteilung der Fossilien in den einzelnen Schichten des Lias ε ist nicht gleichmäßig, jeder Horizont hat seine typische Fossiliengemeinschaft (Profiltafel). Die Horizontgrenzen sind auch Fossilgrenzen. Demnach müssen während der Ablagerung der einzelnen Feinschichten verschiedene Lebensbedingungen geherrscht haben und müssen die einzelnen Feinschichten in einer primär unterschiedlichen Feinsedimentierung bereits bestanden haben.

Auch die Verbreitung innerhalb der einzelnen Feinhorizonte auf dem kleinen Raum von Holzmaden/Ohmden ist nicht gleichmäßig. Über die Einbettungsrichtung sind Untersuchungen im Gang.

Am auffälligsten aber ist die ungleichmäßige Verteilung auf großem Raum. ALDINGER weist darauf mit besonderem Nachdruck hin. Gewisse Gebiete wie Holzmaden, Banz, Altdorf, Schandelah sind fossilreicher, besonders auch an Wirbeltieren, während anderwärts, trotz günstiger Aufschlüsse und langjährigen Abbaus, wenige oder keine Wirbeltiere gefunden werden (Reutlingen, Göppingen-Holzheim). Die Fossilien, insbesondere die Wirbeltiere, sind also an gewissen Stellen angereichert. Geradezu gewaltig ist die Anreicherung in den Schiefern aber gegenüber den älteren und jüngeren Liasschichten. Im Lias δ und Lias ζ fehlen Wirbeltiere fast vollständig. Ganz ähnlich ist das Verhalten der Wirbeltiere auch in den Ölschiefern und Papierschiefern des Lias α und der Fische in den Fischschiefern der Unterkreide.

Man hat diese Erscheinung damit zu erklären versucht, daß die Ölschieferfazies für die Erhaltung von Wirbeltieren besonders günstig war. Verwesung und benthonische Leichenfresser fehlten: Jede Leiche, die ins Sediment kam, wurde auch fossil, während in älteren und jüngeren Liasablagerungen der größte Teil der Leichen der Zerstörung anheimfiel. Diese Auffassung ist zweifellos falsch. Denn gerade Reptilknochen, Zähne und Ganoidschuppen gehören zu den widerstandsfähigsten Tierresten, die nur wenig verdaulich sind und wiederholte Umlagerung und weiten Transport vertragen; man findet sie deshalb in Koprolithen und angereichert in Bonebeds, Sandsteinen und Konglomeraten.

Nun ist mit Sicherheit anzunehmen, daß auch zur Zeit des Lias δ und Lias ζ Reptilien und Fische im deutsch-englischen Liasmeer lebten, daß Insekten, Pollen und Sporen ins Meer geweht wurden. Ebenso werden auch zur Zeit des Lias α oder im Neokom nicht nur während der Ölschieferbildung Saurier bzw. Fische gelebt haben, nur wurden sie nicht fossil. Es müssen daher im Lias ε-Meer Kräfte wirksam gewesen sein, die während der Ölschieferbildung, solange also das Tiefenwasser mehr oder weniger stagnierte, Leichen und Treibgut aus verschiedenen Lebensbereichen an bestimmten Stellen des Meeres anreicherten, zu anderen Zeiten dagegen sie aus dem Becken entfernten. Daß diese Arbeit nur von Meeresströmungen geleistet worden sein kann, versteht sich von selbst. Unter normalen Verhältnissen, also etwa zur Zeit des mittleren Lias, war das Wasser des Liasbeckens in dauernder Bewegung. Da weder Versalzung noch Aussüßung eintrat, muß ein Ausgleich durch Meeresströmungen bestanden haben zwischen der Zufuhr von Süßwasser durch die Flüsse, der Verdunstung und der dadurch unterschiedlichen Salzkonzentration in den einzelnen Meeresräumen. Diese bis auf den Grund reichenden Ausgleichsströmungen führten das ganze Treibgut (Leichen, Treibholz, Pollensäume) mit sich. Nur spezifisch schwerere und daher rasch sinkende Güter, z. B. Kalkschalen kamen auf den Grund. Dagegen trieb alles, was ungefähr die Dichte des Meerwassers hatte oder leichter war, so lange, bis es schließlich an irgend einer Küste landete und in Strandsäumen zu Knochenbetten, allochthonen Kohlenflözen, Schillpackungen aufgehäuft, meist im Lauf von sich ablösenden Trans- und Regressionen immer wieder umgelagert und weitgehend zerstört oder vom Sog ergriffen und erneut beckenwärts verfrachtet wurde.

Zur Zeit der Ölschieferbildung war der Verlauf der Meeresströmungen grundsätzlich anders. Das Tiefenwasser war über lange Zeiträume praktisch in Ruhe. Frisches Ozeanwasser strömte normalerweise nicht mehr zu. Zwischen dem ruhenden Tiefenwasser und dem bewegten Oberflächenwasser lag die sogenannte Sprungschicht, bis zu welcher Turbulenz möglich war. Die Tiefenlage dieser Sprungschicht war von zahlreichen Faktoren, besonders auch von den jahreszeitlichen Temperaturunterschieden, abhängig, die für das Ölschiefermeer noch nicht zu überblicken sind.

Die Richtung der Strömungen in dem über der Sprungschicht gelegenen Wasserkörper war durch den Verlauf der Küsten und die vorherrschende Windrichtung bestimmt. Dazu kommen durch Temperaturunterschiede bedingte Strömungen im Großen und Kleinen, welch' letztere bei geringer Wassertiefe jahreszeitlich verschieden den Grund erreicht haben können oder nicht. Die Umgrenzung des Ölschieferbeckens ist in groben Zügen bekannt (Abb. 4); wir wissen, daß dieses Binnenmeer durch verhältnismäßig schmale Zugänge mit anderen Meeresbecken verbunden war. Durch die große Rheinland-Ardennen-London-Insel und andere Inseln oder Halbinseln war es in Teilbecken aufgeteilt, einheitliche Ströme waren daher nicht möglich. Es ist anzunehmen, daß unter dem Einfluß der vorherrschenden Winde Drehströmungen um vertikale Achsen oder Gruppen von Drehkreisen entstanden, wie sie aus dem Schwarzen Meer und anderen Nebenmeeren bekannt und beschrieben sind. In diesen Drehkreisen wurde alles, was passiv und zum größten Teil eingetaucht schwamm, ob tot oder lebendig, eingefangen und so lange im Kreise bewegt, bis es zu Boden sank.

Das Schicksal der treibenden Körper, vom Augenblick des Eingefangenwerdens bis zum endgültigen Absinken, war je nach ihrer Beschaffenheit verschieden. Ichthyosaurier z.B. werden in der Feistzeit so lange getrieben sein, bis durch die Verwesungsgase die Leibeshöhle platzte, magere Tiere dagegen oder Fische ohne Schwimmblase, sanken nach dem Tod zunächst sofort. Treibende Stämme leichterer Holzarten mußten sich erst voll Wasser saugen, bis sie spezifisch schwerer wurden als das Oberflächenwasser. Beim Niedersinken gerieten sie dann an der Sprungschicht in Wasser größerer Zähigkeit und Dichte und schwebten auch hier noch längere Zeit. Es war also wohl genug Zeit für reichen Bewuchs mit Muscheln und Seelilien. Solange die Fracht an der Oberfläche trieb, wurde die Trift auch vom Wind beeinflußt. Bei völlig eingetauchten schwebenden Körpern wirkt sich, wie Versuche zeigen, die Zentrifugalkraft aus; sie werden an den Rand der Drehkreise getrieben, landen also schließlich, wenn sie lange genug schweben, in toten Winkeln zwischen den Drehkreisen oder an der Küste. Da in der Sprungschicht die Wassergeschwindigkeit auf Null sinkt, so wird ein Körper, wenn er in die Nähe der Sprungschicht kommt, an Geschwindigkeit verlieren und dadurch auf das Zentrum des Drehkreises zutreiben. Wir müssen deshalb annehmen, daß die reichen Fossilfundplätze im Lias ε etwa die Zentren solcher Drehkreise oder vielleicht auch tote Winkel zwischen ihnen vorstellen.

In den Drehkreisen fingen sich vor allem auch treibende Tangmassen, wie heute im Sargasso-Meer. Im Schwarzen Meer besitzen Tangwiesen dieser Art eine Ausdehnung von mehr als 2000 km²; sie ergänzen sich ständig. Man darf wohl annehmen, daß der größte Teil der einklappigen Muschel- und Brachiopodenschalen im Lias ε – und das ist weitaus die Mehrzahl – ebenso wie die angereicherten Kalkkörner in bestimmten Horizonten (Mittel-epsilon $II_{4/5}$ und $II_{5/6}$) von solchen Tangwiesen stammen.

Es fehlt im Posidonienschiefer nicht an Anzeichen dafür, daß gelegentlich auch das Tiefenwasser in Bewegung kam. Besonders die Fukoiden und Chondriten deuten darauf hin, und auch dort war, wie wir gesehen haben, völlig ungestörte und beste Erhaltung möglich. Mit großer Wahrscheinlichkeit fand von Zeit zu Zeit im Gefolge der sich ändernden Strömungsverhältnisse, die sogar auch den Meeresgrund erreicht haben können, eine Umschichtung des Meerwassers statt. Mit dem giftigen Tiefenwasser, das manchem Lebewesen, besonders den passiven Schwimmern, zum Verhängnis geworden sein mag, kamen aber auch andere, während der Stagnation gespeicherte Stoffe, vor allem Phosphorverbindungen, an die Oberfläche. Der Schiefer ist ja ähnlich wie die meisten Faulschlammgesteine phosphorarm. Als Folge dieses Nährstoffnachschubs in die verarmte trophogene Zone setzte erneut stärkste Produktion organischer Substanz ein. Aber diese starke Produktion führte bei erneuter Stagnation wieder zu raschem Sauerstoffschwund im Tiefenwasser. Im Meer des Lias ε war daher äußerste Lebensfeindlichkeit zeitweilig gepaart mit reichstem Leben, das eine als Folge des anderen.

Die gute Erhaltung, besonders auch von Gerüsteiweiß, ist, darüber besteht Einhelligkeit, der Lebensfeindlichkeit des Tiefenwassers zuzuschreiben, die eine Verwesung verhinderte. Es ist vermutet worden, daß auch rasche Eindeckung mit Sediment konservierend wirkte. Die Dicke der Warven in den Schiefern, wo solche gemessen werden können, beträgt aber nur Bruchteile von Millimetern, ist also von ähnlicher Größenordnung wie in vergleichbaren Sedimenten unserer heutigen Meere und spricht demnach eher für langsame Sedimentation.

Der Meeresgrund scheint trotz der großen Wasserhaltigkeit des Sediments doch nicht so weit hinab so locker gewesen zu sein, daß die Leichen der Tiere, auch der großen schweren Saurier, beliebig tief in den Schlamm eingesunken sind, vielmehr wurden sie nicht sofort gänzlich von ihm umschlossen. Dies geht aus den Einbettungslagen und der Art der Erhaltung klar hervor, besonders aus der verschieden gut erhaltenen Ober- und Unterseite der Fossilien, eine Regel, die für alle Horizonte gilt. Wohl konnte es vorkommen, daß Leichen von Sauriern der Schwerkraft folgend mit dem Kopf als gewichtigstem Körperteil voraus abgesunken sind und mit der spitzigen Schnauze sich in die tieferen und bereits zäheren Schlammzonen eingebohrt haben. Die tiefer eingedrungene Schnauze wurde dann bei der Setzung des Sediments deformiert. Allermeist liegt in solchen Fällen schon der hintere Teil des Schädels, wie der ganze Leib in der Schichtfläche. Wir teilen deshalb die mancherorts vertretene Ansicht nicht, daß die Leichen in das Sediment mehr oder weniger tief eingesunken und erst mit der Setzung in die Horizontale eingeregelt worden sind. Auch alle diese Beobachtungen setzen eher eine langsame Sedimentation voraus.

Auch die Erhaltung organischer Substanz als Kerogen- und Polybitumen ist weniger auf rasche Sedimentation als vielmehr auf die anaëroben Verhältnisse und das Fehlen von Sedimentfressern zurückzuführen. Da das Kerogenbitumen im Vergleich zu den Erdölbitumina ein anderes Kohlenstoff-Wasserstoff-Verhältnis und vor allem höhere Stickstoff- und Sauerstoffwerte aufweist, so könnte man außerdem vermuten, daß die mikrobiologische Umbildung der organischen Substanz im Ölschiefer in einem früheren Stadium zum Stillstand kam oder vielleicht überhaupt andere Wege ging als bei der Umformung zu Erdöl.

Ein ursächlicher Zusammenhang zwischen Bitumengehalt und Fossilgehalt besteht auch bei unseren Posidonienschiefern nur insofern, als die besonderen Strömungsverhältnisse während der Stagnationen, einerseits die Anreicherung der Fossilien, andererseits die Erhaltung der organischen Substanz als Gesteinsbitumen bewirkten. Es darf deshalb nicht wundernehmen, daß Fossiliengemeinschaften von der Zusammensetzung der Posidonienschiefer sich auch in weniger oder nicht bituminösen Gesteinen finden. Wir möchten eher annehmen, daß Drehströmungen die Ursache von Fossillagerstätten auch dann und dort sind, wo der Wasseraustausch nur vorübergehend und nur örtlich behindert ist, wie auch während der Ablagerung des Lias ε nicht eine einzige sich über die ganze Zeit erstreckende Stagnation anhielt, sondern, wie bereits im Hinblick auf das Sediment und seine benthonischen Lebensspuren gesagt, eine rhythmische Folge von Stagnationen, allerdings im Vergleich mit dem Liegenden und Hangenden des Lias ε, in besonderen Maxima ablief.

Die Frage der Tiefe des Posidonienschiefermeeres ist vielfach diskutiert. Die meisten Autoren rechnen mit Schelfbereichtiefen zwischen 100 und 600 m. Dazu ist zu sagen, daß sicherlich auch die Meerestiefe während der Lias-Epsilon-Zeit sich immer wieder geändert hat. Wahrscheinlich werden Stagnations-Maxima mit besonders ausgeprägten Senkungsperioden gleichzusetzen sein, während die Feinfazies danach seichtere Tiefen vermuten läßt. Dementsprechend mag auch die Küste selbst jeweils näher oder ferner dem heutigen Holzmaden verlaufen sein.

Die Ursachen der Stagnationen und Drehströmungen sind insgesamt und vor allem in ihrem gegenseitigen Wirken noch nicht genau genug erforscht. Die palaeogeographischen und klimatischen Verhältnisse sind dabei sicherlich von ausschlaggebender Bedeutung.

Aus vergleichenden Untersuchungen der Ozeanographen geht hervor, daß die Gebiete mit Faulschlammsedimentation in den heutigen Meeren entweder Nebenbecken sind, die vom offenen Ozean durch untermeerische Schwellen getrennt sind, oder aber Depressionen im Ozeanboden. Für das Lias ε-Meer würde dies bedeuten, daß ein stärkeres Absinken des Meeresbodens oder zeitweilig langsamere Sedimentation in den inneren Teilen des Beckens gegenüber den Verbindungsstraßen zum offenen Meer und den ihnen benachbarten Gebieten die Ursache der Bildung der bituminösen Schiefer gewesen sein könnte. Da aber unter den gegebenen palaeogeographischen Verhältnissen auch klimatische Änderungen, etwa Ansteigen der mittleren Jahrestemperatur, wohl dieselbe Wirkung gehabt hätten, so ist eine eindeutige Antwort heute noch nicht möglich.

So erscheint die Untersuchung unserer großen Frage nach der Entstehung der Posidonienschiefer und ihrer Fossillagerstätten wohl in ihren Grundzügen, noch nicht aber in den Ursachen, und erst recht nicht im einzelnen geklärt.

Die Versteinerungen selbst, von denen wir die schönsten und interessantesten hier abbilden dürfen, und die beispielhaften feinstratigraphischen Untersuchungen von BERNHARD HAUFF werden noch lange Zeit ein Quell naturwissenschaftlicher Erkenntnis bleiben. In vielen Museen und Schulen über die ganze Welt gehören die Saurier, Fische und Seirocrinen aus den Fossilstätten im Lias ε um Holzmaden zu den beredten Zeugen vom Leben der Vorzeit. Für BERNHARD HAUFF bedeuten sie zugleich das schönste Denkmal seines Lebenswerks.

Abb. 188: Profilwand eines Schieferbruches in Holzmaden.

- Humus
- Mergel mit Kalkknollen
- Grenze ζ/ε
- Schlacken

Jurensismergel

Ober-ε Schiefer.

- Schiefer
- Schlacken (Kloake) II 12
- Schiefer II 11
- Falchen II 10
- Wilder Stein II 9
- Schiefer II
- Oberer Stein II 8
- Gelbe Platte II 7

Mittel-ε

- Schiefer II 6
- Unterer Stein II 5
- Unterer Schiefer II 4
- Fleins II 3

Verzeichnis der Fachausdrücke

allochthon	ortsfremd, durch Strömung verfrachtet
Alveole	Zahngrube (alveolus Höhlung)
Amaltheen-Tone	Hauptabschnitt des Schwarzen Jura delta, nach der Ammoniten-Gattung *Amaltheus* benannt
anaërob	sauerstoffarm, schlecht durchlüftet
Anaptychus	einteiliger Ammonitendeckel
Apophyse	Fortsatz (an Rückenwirbel)
Aptychus	zweiklappiger Ammonitendeckel
Artikulation	Gelenkung
Benthos	die am Meeresboden lebende Tier- und Pflanzenwelt
Bitumen	öl- oder gasförmiger Kohlenwasserstoff
Bryozoen	Moostierchen
Cephalopoden	Kopffüßer (kephalé Kopf, pus Fuß; nach den Fangarmen des Kopfes) Untergruppe der Mollusken (z.B. Tintenfische, Ammoniten)
Cephalothorax	Kopf-Brustpanzer der Krebse
Chorda	Rückensaite (Vorstadium der Wirbelsäule)
Cirren	rankenartige Anhänge des Seelilienstiels
Clavicula	Schlüsselbein
Coccolithen	marine, kugelige Algen mit aufsitzendem Kalkskelett
Conchiolin	eine organische Skelettsubstanz
Coracoid	Rabenbein, wichtiger Knochen im Schultergürtel der Saurier
Costaten-Kalke	Schwarzer Jura ober-delta, nach dem leitenden Ammoniten *Amaltheus costatus* (= *spinatus*)
Crossopterygier	Quastenflosser (króssos Quaste, ptéryx Flosse)
Dekapoden	a) Zehnfüßer-Krebse (Macruren und Brachyuren) b) Tintenfische mit zehn Fangarmen
Devon	dem Kambrium und Silur folgende Formation des Erdaltertums der Erdgeschichte
Diagenese	nachträgliche Veränderung im Gestein
Diatomeen	Kieselalgen
Dibranchiata	Cephalopoden mit zwei Kiemen (Tintenfische)
dichotom	zweiteilig
distal	körperauswärts gerichtet
dorsal	rücklings gelegen
Echinodermen	Stachelhäuter z.B. Seeigel, Seesterne
Elasmobranchier	Haifische mit Kiemenplatten (élasmos Platte, bránchia Kieme)
Evolution	Entwicklung und Umformung der Lebewesen in der Erdgeschichte
Fazies	„Gesicht", Aussehen, Erscheinung eines Gesteins, z.B. grobkörnig, feinkörnig, sandig, tonig usw.
Feinstratigraphie	genaue Beschreibung und Erforschung der Lagerungsfolge geschichteter Gesteine
Foraminiferen	einzellige Porenträger-Tierchen mit mehrkammerigen Gehäusen
Fukoiden	fucus = Tang. Die früher für Algen gehaltenen verzweigten Gebilde sind Fraßgänge wurmartiger Organismen im Meeresschlick
Ganoin	glänzende Schuppen-Decksubstanz bestimmter Fische
Gastropoden	Schnecken
Genealogie	Erkundung der Generationenfolge
Haftwasser	kapillar im Gestein (bzw. Boden) festgehaltenes Wasser
Heterozerkie	unsymmetrische Form der Schwanzflosse
Homozerkie	symmetrische Form der Schwanzflosse
Inzisur	Einschnitt
Integument	Körperhaut
Intermedium	mittlerer Handwurzelknochen. Zwei dort gelenkende Fingerstrahlen bedingen die breite Flosse der latipinnaten Ichthyosaurier (latus breit, pinna Flosse), nur ein Strahl die schmale der longipinnaten Formen (longus lang)
Jurensismergel	Schwarzer Jura zeta, nach dem leitenden Ammoniten *Lytoceras jurense*
konvergent	ähnlich geformt
Kreide	Entstehungszeit der Kreideformation (mit Kreidekalk), die in manchen Gebieten über der Juraformation liegt
Laibsteine	linsenförmig eingelagerte Kalksteine
lateral	seitlich
Malm	Oberer oder Weißer Jura
Markasit	rhombisch kristallisierter Schwefelkies (FeS_2)
Medusenhaupt	das nach der griechischen Sage durch Theseus dem Meerungeheuer Meduse geraubte Lockenhaupt, vor dessen grauenvollem Anblick der Mensch zu Stein wird. Im 17. Jahrhundert auf manche Echinodermen, von Hofprediger HIEMER dann auf die (uns Heutigen anmutig erscheinenden) fossilen Seelilien Schwabens angewendet
metapsid	bestimmte Lage der Schläfenöffnung der Saurier bezeichnend, so nur bei Ichthyosauriern

Monotisbank	mit den Schalen der Meeresmuschel *Monotis* erfüllte Kalkbank, die im Lias epsilon weit durch Deutschland zieht
Nannoplankton	sehr kleine Mikroorganismen, deren Untersuchung eine große Vergrößerung im Mikroskop erfordert
Nekton	Gesamtheit der aktiv schwimmenden Meeresorganismen
Notidaniden	Grauhaie
Ökologie	Lebensraum und Lebensweise einzelner oder mehrerer Organismen und deren Wechselbeziehungen
Ontogenie	Individualentwicklung Jugend-Alter
Onychiten	Fanghaken fossiler Tintenfische
Orbitalregion	Augenregion
Ostrakoden	Muschelkrebse mit zweiklappigem Gehäuse
Ostreen	Austern
paläobiologisch	die Biologie der Vorzeit betreffend (palaiós alt)
Paläogeographie	Geographie der Vorzeit
Paläontologie	Lehre vom Leben der Vorzeit (palaiós alt, on Wesen, lógos Lehre)
Paläonisciden	eine Fischgruppe des Erdaltertums und -mittelalters
Paläozoikum	Erdaltertum (Kambrium bis Perm; zóon Lebewesen)
Pereiopoden	am Thorax (Pereíon) befestigte Brustfüße der Krebse
Petrographie	Gesteinskunde
Phalangen	Fingerglieder
Phylogenie	Stammesgeschichte
Plankton	die freischwebende Organismenwelt des Wassers
Posidonien-Schiefer	schieferplattig ausgebildeter Lias epsilon, benannt nach der Leitmuschel *Posidonia bronni* (s. d.)
Prismenschicht	mittlere, aus Kalkprismen erbaute Schicht der Muschelschale
proximal	körpereinwärts gerichtet
Pseudoplankton	auf schwimmenden Gegenständen (z. B. Treibholz) angeheftete Organismen („falsches Plankton")
Pyrit	oktaedrisch kristallisierter Schwefelkies
Radialia / Basalia / Interbasalia	Glieder des Seelilien-Kelches
Regression	Meeresrückzug
Rostrum	a) Schnabel; b) Rostrum (Hauptteil der Belemniten); c) Fortsatz am Vorderende des Krebspanzers
Schwefelkies	Eisensulfid, ein Mineral (FeS_2)
Sacralwirbel	Beckenwirbel
Schwarzer Jura	= Lias: untere Abteilung der Juraformation
Scissen	Einschnitte der Phalangen (s. d.)
Scleralring	knöcherner Schutzring des Auges (sklerós hart)
Sediment	schichtig abgelagertes Gestein
Selachier	Haifische (sálachos Hai)
Species	Art
Stinkkalk	beim Anschlagen durch Bitumenrelikte stinkende Kalkbank zwischen den kalkärmeren „Schiefern"
Stratigraphie	Ordnung der Gesteine nach ihrer zeitlichen Abfolge
Teleostier	Knochenfische
Tetrabranchiata	Cephalopoden mit vier Kiemen
Transgression	Meeresvorstoß (meist durch Landsenkung)
Trichter	der Fortbewegung dienendes Wasserausstoßorgan der Cephalopoden
trophogen	lebensgünstig
Turbulenz	Wasserbewegung
Ventralregion	Bauchregion
Vertebraten	Wirbeltiere
visceral	die Gesichtspartie des Schädels bezeichnend
Warven	dünne, rhythmisch abgelagerte Sediment-Schichten

Namen-Erklärung

Jede versteinerte wie jede heute lebende Tier- bzw. Pflanzenart hat in der Wissenschaft einen nur ihr zukommenden, aus Gattungs- und Artbezeichnung bestehenden Namen. Dazu kann noch der Name einer Unterart (oder Varietät) treten. Beispiel: *Posidonia* (Gattung) *bronni* (Art) *parva* (Unterart). Die Namen dienen gleich Zahlen ausschließlich der eindeutigen Benennung, beziehen sich aber mit ihrem Wortsinn häufig auch auf charakteristische Eigenschaften der benannten Lebewesen (z. B. *parva* = die kleine). Hinter den Artnamen setzt man den namengebenden Autor, um ein Nachschlagen in der wissenschaftlichen Literatur zu erleichtern.

Species (abgekürzt Spec.) bedeutet, daß zwar die Gattung, nicht aber die Art bestimmt ist.

Erklärung charakteristischer, nach lateinischen und griechischen Wörtern gebildeter Namen (Artnamen eingerückt)

Wirbellose:

Belemnites	bélemnon Wurfgeschoß
digitalis	fingerdick
paxillosus	paxillus Pfahl
Pentacrinus	krínon Lilie, pénte fünf. Seeliliengattung, nach den fünfseitigen Stielgliedern benannt
briareus	Briareus tausendarmiger Riese der griechischen Sage
subangularis	abgestumpft winkelig (nach dem Umriß der Stielglieder)
Phylloceratidae	(Phyllon = Blatt, ceras = Horn)
Lytoceratidae	(von Lytoceras = Lösehorn teilweise voneinander gelöste Windungen)
Dactylioceratidae	(dactylos = Finger)
Arieticeratinae	(Aries = Widder)
Hildoceratinae	(nach Hilda, Äbtissin des Klosters Whitby in England im 7. Jahrhundert)
Harpoceratinae	(Harpe = Sichel, ceras = Horn)
Posidonia	Poseidonmuschel
bronni parva	BRONN deutscher Paläontologe, parvus klein

Fische:

Belonorhynchus	belone Pfeilspitze, rhýnchos Schnabel
Chondrosteus	chóndros Knorpel, ostéon Knochen (Knorpelfisch mit teilweise verknöchertem Skelett)
Dapedium	dápedon Fußboden, nach dem mosaikartigen Schuppenkleid
Leptolepis	leptós dünn, lepís Schuppe
micropodius	mikrós klein, pes Fuß (Flosse)
Myriacanthus	myriás Unzahl, ácantha Stachel (bezieht sich auf die zahlreichen Dornen der Flossenstacheln)
Pholidophorus	pholis Schuppe, phóros Träger
limbatus	verbrämt (mit gezähnten Schuppen)
Ptycholepis	lepís Schuppe, ptyché Falte (Faltenschupper)
Sauropsis	saúros Saurier, ópsis Aussehen
Tetragonolepis	tetrágonos viereckig (Viereckschupper)
Trachymetopon	trachýs rauh, métopon die Stirn

Saurier:

Campylognathus	kampýlos gekrümmt, gnáthos Gebiß
zitteli	nach dem deutschen Paläontologen ZITTEL
Dorygnathus	dóry Lanze, gnáthos Gebiß
banthensis	nach dem Fundort Banz (Mainfranken)
Eurhinosaurus	eúrhinos spürfähig (auf den spießartigen Oberkiefer bezogen)
longirostris	langschnauzig
Eurypterygius	Breitflosser; eurýs breit, ptéryx Flügel, Flosse
Ichthyosaurus	ichthýs Fisch, saúros Echse (ältere umfassende Gattungsbezeichnung)
Leptopterygius	leptós schmal, ptéryx Flosse
acutirostris	acutus spitz, rostrum Schnabel
integer	unversehrt (nach dem ganzrandigen Coracoid-Bein des Schultergürtels)
Ophthalmosaurus	óphthalmos Auge, saurus Saurier. Ichthyosauriergattung mit großer Augöffnung
Pelagosaurus	pélagos Meer (ein Meerkrokodil)
Plesiosaurus	plesíos nahe (auf früher vermutete Verwandtschaft mit Eidechsen bezüglich, uncharakteristischer Name
brachypterygius	brachýs kurz, ptéryx Flosse
guilelmi imperatoris	nach Kaiser Wilhelm II. benannt
Stenopterygius	stenós schmal, ptéryx Flosse; Ichthyosauriergattung; Name nach seinem Wortsinn gleichbedeutend mit der Nachbargattung *Leptopterygius*, (s. d.)
crassicostatus	crassus dick, costa Rippe
eos	Morgenröte (frühauftretende Art)
longifrons	langstirnig
megalorhinus	mégas groß, rhis Nase
megacephalus	mégas groß, kephalé Kopf
promegacephalus	pro vor (nämlich der Art *megacephalus* vorangehend)
quadriscissus	mit vier Einschnitten an den Phalangen (allerdings kein artfestes Merkmal)
Thaumatosaurus	thaúma Wunderding, also „seltsamer" (Plesio-)Saurier

Monotisbank	mit den Schalen der Meeresmuschel *Monotis* erfüllte Kalkbank, die im Lias epsilon weit durch Deutschland zieht
Nannoplankton	sehr kleine Mikroorganismen, deren Untersuchung eine große Vergrößerung im Mikroskop erfordert
Nekton	Gesamtheit der aktiv schwimmenden Meeresorganismen
Notidaniden	Grauhaie
Ökologie	Lebensraum und Lebensweise einzelner oder mehrerer Organismen und deren Wechselbeziehungen
Ontogenie	Individualentwicklung Jugend-Alter
Onychiten	Fanghaken fossiler Tintenfische
Orbitalregion	Augenregion
Ostrakoden	Muschelkrebse mit zweiklappigem Gehäuse
Ostreen	Austern
paläobiologisch	die Biologie der Vorzeit betreffend (palaiós alt)
Paläogeographie	Geographie der Vorzeit
Paläontologie	Lehre vom Leben der Vorzeit (palaiós alt, on Wesen, lógos Lehre)
Paläonisciden	eine Fischgruppe des Erdaltertums und -mittelalters
Paläozoikum	Erdaltertum (Kambrium bis Perm; zóon Lebewesen)
Pereiopoden	am Thorax (Pereíon) befestigte Brustfüße der Krebse
Petrographie	Gesteinskunde
Phalangen	Fingerglieder
Phylogenie	Stammesgeschichte
Plankton	die freischwebende Organismenwelt des Wassers
Posidonien-Schiefer	schieferplattig ausgebildeter Lias epsilon, benannt nach der Leitmuschel *Posidonia bronni* (s. d.)
Prismenschicht	mittlere, aus Kalkprismen erbaute Schicht der Muschelschale
proximal	körpereinwärts gerichtet
Pseudoplankton	auf schwimmenden Gegenständen (z. B. Treibholz) angeheftete Organismen („falsches Plankton")
Pyrit	oktaedrisch kristallisierter Schwefelkies
Radialia, Basalia, Interbasalia	Glieder des Seelilien-Kelches
Regression	Meeresrückzug
Rostrum	a) Schnabel; b) Rostrum (Hauptteil der Belemniten); c) Fortsatz am Vorderende des Krebspanzers
Schwefelkies	Eisensulfid, ein Mineral (FeS_2)
Sacralwirbel	Beckenwirbel
Schwarzer Jura	= Lias: untere Abteilung der Juraformation
Scissen	Einschnitte der Phalangen (s. d.)
Scleralring	knöcherner Schutzring des Auges (sklerós hart)
Sediment	schichtig abgelagertes Gestein
Selachier	Haifische (sálachos Hai)
Species	Art
Stinkkalk	beim Anschlagen durch Bitumenrelikte stinkende Kalkbank zwischen den kalkärmeren „Schiefern"
Stratigraphie	Ordnung der Gesteine nach ihrer zeitlichen Abfolge
Teleostier	Knochenfische
Tetrabranchiata	Cephalopoden mit vier Kiemen
Transgression	Meeresvorstoß (meist durch Landsenkung)
Trichter	der Fortbewegung dienendes Wasserausstoßorgan der Cephalopoden
trophogen	lebensgünstig
Turbulenz	Wasserbewegung
Ventralregion	Bauchregion
Vertebraten	Wirbeltiere
visceral	die Gesichtspartie des Schädels bezeichnend
Warven	dünne, rhythmisch abgelagerte Sediment-Schichten

Namen-Erklärung

Jede versteinerte wie jede heute lebende Tier- bzw. Pflanzenart hat in der Wissenschaft einen nur ihr zukommenden, aus Gattungs- und Artbezeichnung bestehenden Namen. Dazu kann noch der Name einer Unterart (oder Varietät) treten. Beispiel: *Posidonia* (Gattung) *bronni* (Art) *parva* (Unterart). Die Namen dienen gleich Zahlen ausschließlich der eindeutigen Benennung, beziehen sich aber mit ihrem Wortsinn häufig auch auf charakteristische Eigenschaften der benannten Lebewesen (z. B. *parva* = die kleine). Hinter den Artnamen setzt man den namengebenden Autor, um ein Nachschlagen in der wissenschaftlichen Literatur zu erleichtern.

Species (abgekürzt Spec.) bedeutet, daß zwar die Gattung, nicht aber die Art bestimmt ist.

Erklärung charakteristischer, nach lateinischen und griechischen Wörtern gebildeter Namen (Artnamen eingerückt)

Wirbellose:
- *Belemnites* — bélemnon Wurfgeschoß
  - *digitalis* — fingerdick
  - *paxillosus* — paxillus Pfahl
- *Pentacrinus* — krínon Lilie, pénte fünf. Seeliliengattung, nach den fünfseitigen Stielgliedern benannt
  - *briareus* — Briareus tausendarmiger Riese der griechischen Sage
  - *subangularis* — abgestumpft winkelig (nach dem Umriß der Stielglieder)
- *Phylloceratidae* — (Phyllon = Blatt, ceras = Horn)
- *Lytoceratidae* — (von Lytoceras = Lösehorn teilweise voneinander gelöste Windungen)
- *Dactylioceratidae* — (dactylos = Finger)
- *Arieticeratinae* — (Aries = Widder)
- *Hildoceratinae* — (nach Hilda, Äbtissin des Klosters Whitby in England im 7. Jahrhundert)
- *Harpoceratinae* — (Harpe = Sichel, ceras = Horn)
- *Posidonia* — Poseidonmuschel
  - *bronni parva* — Bronn deutscher Paläontologe, parvus klein

Fische:
- *Belonorhynchus* — belone Pfeilspitze, rhýnchos Schnabel
- *Chondrosteus* — chóndros Knorpel, ostéon Knochen (Knorpelfisch mit teilweise verknöchertem Skelett)
- *Dapedium* — dápedon Fußboden, nach dem mosaikartigen Schuppenkleid
- *Leptolepis* — leptós dünn, lepís Schuppe
  - *micropodius* — mikrós klein, pes Fuß (Flosse)
- *Myriacanthus* — myriás Unzahl, ácantha Stachel (bezieht sich auf die zahlreichen Dornen der Flossenstacheln)
- *Pholidophorus* — pholis Schuppe, phóros Träger
  - *limbatus* — verbrämt (mit gezähnten Schuppen)
- *Ptycholepis* — lepís Schuppe, ptyché Falte (Faltenschupper)
- *Sauropsis* — saúros Saurier, ópsis Aussehen
- *Tetragonolepis* — tetrágonos viereckig (Viereckschupper)
- *Trachymetopon* — trachýs rauh, métopon die Stirn

Saurier:
- *Campylognathus* — kampýlos gekrümmt, gnáthos Gebiß
  - *zitteli* — nach dem deutschen Paläontologen ZITTEL
- *Dorygnathus* — dóry Lanze, gnáthos Gebiß
  - *banthensis* — nach dem Fundort Banz (Mainfranken)
- *Eurhinosaurus* — eúrhinos spürfähig (auf den spießartigen Oberkiefer bezogen)
  - *longirostris* — langschnauzig
- *Eurypterygius* — Breitflosser; eurýs breit, ptéryx Flügel, Flosse
- *Ichthyosaurus* — ichthýs Fisch, saúros Echse (ältere umfassende Gattungsbezeichnung)
- *Leptopterygius* — leptós schmal, ptéryx Flosse
  - *acutirostris* — acutus spitz, rostrum Schnabel
  - *integer* — unversehrt (nach dem ganzrandigen Coracoid-Bein des Schultergürtels)
- *Ophthalmosaurus* — óphthalmos Auge, saurus Saurier. Ichthyosauriergattung mit großer Augöffnung
- *Pelagosaurus* — pélagos Meer (ein Meerkrokodil)
- *Plesiosaurus* — plesíos nahe (auf früher vermutete Verwandtschaft mit Eidechsen bezüglich, uncharakteristischer Name
  - *brachypterygius* — brachýs kurz, ptéryx Flosse
  - *guilelmi imperatoris*, nach Kaiser Wilhelm II. benannt
- *Stenopterygius* — stenós schmal, ptéryx Flosse; Ichthyosauriergattung; Name nach seinem Wortsinn gleichbedeutend mit der Nachbargattung *Leptopterygius*, (s. d.)
  - *crassicostatus* — crassus dick, costa Rippe
  - *eos* — Morgenröte (frühauftretende Art)
  - *longifrons* — langstirnig
  - *megalorhinus* — mégas groß, rhis Nase
  - *megacephalus* — mégas groß, kephalé Kopf
  - *promegacephalus* — pro vor (nämlich der Art *megacephalus* vorangehend)
  - *quadriscissus* — mit vier Einschnitten an den Phalangen (allerdings kein artfestes Merkmal)
- *Thaumatosaurus* — thaúma Wunderding, also „seltsamer" (Plesio-)Saurier

© 1981 by
Dr. Bernhard Hauff
Rolf Bernhard Hauff
Aichelberger Straße 90
7311 Holzmaden/Teck
Alle Rechte vorbehalten

Gesamtherstellung: REPRO-DRUCK GmbH, Graphischer Betrieb
7012 Fellbach
Gestaltung: Werner Flumm, 7121 Pleidelsheim